Mirka Zogović
KNJIŽEVNA PROŽIMANJA

Biblioteka
DIJALOG

Urednik
SIMON SIMONOVIĆ

Recenzenti
Akad. dr NIKŠA STIPČEVIĆ
Prof. dr BOŽIDAR KOVAČEK

Na naslovnoj strani
Faksimil pisma Milorada Medakovića Nikoli Tomazeu

Objavljivanje ove knjige pomoglo je
SAVEZNO MINISTARSTVO ZA MEĐUNARODNU
KULTURNU I NAUČNU SARADNJU

MIRKA ZOGOVIĆ

KNJIŽEVNA PROŽIMANJA

IZDAVAČKO PREDUZEĆE „RAD"
Beograd, 2000.

I

LAZAR TOMANOVIĆ
I ITALIJANSKA KNJIŽEVNOST

Lazar Tomanović, publicista, prevodilac, istoričar, pisac[1] i državnik, jedna je od retkih pojava naše istorije druge polovine prošlog i tridesetih godina ovog veka, koje su se isticale osobito plodnom delatnošću i na političkom i na državničkom i na kulturnom polju. Savremenici su govorili da će mu istorija koja će doći „sačuvati svetlo ime", ali se istorija koja je došla nije mnogo potrudila da ispita njegov doprinos našoj kulturi[2].

---

[1] Pored monografije o Njegošu *(Petar II Petrović Njegoš kao vladalac,* Cetinje 1896), u svome vremenu ozbiljne naučne „radnje" koja i danas ulazi u spisak obavezne literature o Njegošu, pre svega kao državniku, važnija Tomanovićeva dela: *Bokelji u ratu za oslobođenje grčkog naroda,* Zadar 1873; *Fra Andrija Kačić prema srbstvu i hrvatstvu* (štampano s radom *Gundulićev „Osman"*), Zadar 1886; *G. Ruvarac (arhimandrit Ilarion) i Montenegrina,* Sremski Karlovci 1899; *Ivan Crnojević, Gospodar zetski,* Cetinje 1900; *O Ivanu Crnojeviću – nekoliko pitanja po najnovijim izvorima,* Sremski Karlovci 1903; *Povodom aneksije Bosne i Hercegovine,* Cetinje 1909; *Iz mog ministrovanja,* Novi Sad 1921; *Događaji u Boki Kotorskoj,* Dubrovnik 1922.

[2] Iako se u novije vreme situacija znatno poboljšala, ostale su neosvetljene mnoge strane Tomanovićeve raznorodne i bogate delatnosti. Up. P. Šoć, *Dr Lazar Tomanović,* „Misao", 1933, br. 15, 380; M. P. Kostić, *Biografija Dr Lazara Tomanovića,* „Stvaranje", 1962, br. 9, 615–618; N. R. Miljanić, *Bibliografija radova dr Lazara Tomanovića,* „Boka", 1973, br. 5, 123–140; K. Milutinović, *O političkom liku Lazara Tomanovića,* „Istorijski zapisi" knj. XXXIII, 1976, br. 3–4, 219–234; N. Miljanić, *Porijeklo i život Lazara Tomanovića,* „Boka", 1977, br. 9, 219-234; M. Z. *Dopune Miljanićevoj bibliografiji radova dr L. A. Tomanovića,* „Boka", 1977, br. 9, 379–380; M. Z. *Prilog biografiji Lazara Tomanovića,* „Boka", 1980, br. 12, 345–347; V. Kilibarda, *Italijanska književnost u Crnoj Gori do 1918,* Nikšić 1992 (posebno: *Lazar Tomanović kao protagonist interesovanja za odjeke slovenskog svijeta u Italiji i Lazar Tomanović kao popularizator italijanske književnosti i posrednik u zbližavanju italijanske i crnogorske kulture* (1891–1903), 109–145.

Poreklom od stare crnogorske porodice iz Cuca, rodio se, u siromaštvu[3], 30. marta 1845. u Boki Kotorskoj, u Lepetanima, gde je i završio prva tri razreda osnovne škole. Školovanje je nastavio u manastiru Savini, kod Herceg Novog, pa u Zadru, u pravoslavnom seminariju, a potom kao Tekelijin stipendista[4], prvi i jedini Srbin van Ugarske, položio maturu u Novom Sadu. Studirao je prava u Pešti, pa u Gracu, gde je, 1874, i promovisan za doktora pravnih nauka. Po položenom drugom državnom ispitu, odlazi na Cetinje za sekretara senata, odakle prelazi u Kotor na sudsku praksu, a onda u Herceg Novi, gde radi kao advokat. Posle porodične tragedije (na porođaju drugog deteta umire mu žena, u 23. godini) i, zbog nekih problema s vlašću, nakon sedmogodišnje prakse napušta advokaturu i prelazi na Cetinje. Tu prvo radi kao urednik „Glasa Crnogorca", a potom se bavi državničkim poslovima i u crnogorskoj državi zauzima vrlo visoke položaje. U vreme kad su u Crnoj Gori vršene sudske reforme (1902–1907) bio je član i predsednik Velikog suda (biće to još jednom, 1912). Iza toga radi kao ministar inostranih dela, pa ministar pravde, unutrašnjih dela, da bi, pod knjazom Nikolom, bio predsednik vlade Crne Gore. Zapravo, u periodu 1907–1912. Lazar Tomanović bio je jedan od prvih, ako ne i prvi čovek u Crnoj Gori posle knjaza Nikole. Penzionisan je 1920, a pod starost se povla-

---

[3] „Za moje siromaštvo dosta bi bilo napomenuti da smo iza oca devetoro siročadi nejakih ostali bez ikakve više pomoći nego svako je pače na odmoć kući do sad bilo...", piše iz Zadra, „na Preobraženje 1868", tadanjem sekretaru Matice srpske Antoniju Hadžiću. (ROMS, inv. br. 10556)

[4] Pored obraćanja Hadžiću, Tomanović istoga dana upućuje i neposredno Matici molbu, koja počinje: „Evo pred vama jednog Srbina sa srbskog primorja – prvog, što pristupa iz siromašne Dalmacije na zlatotekući izvor besmrtnoga Tekelije..." (pismo se čuva u Tomanovićevoj zaostavštini). Matica ne samo što mu je dodelila Tekelijnu stipendiju, već se odazvala i njegovoj molbi da, pošto uopšte nije znao mađarski, a slabo nemački, maturira u Novom Sadu i studira u Gracu, gde je nastava bila na italijanskom. Od druge godine studija Tomanović dobija i novčanu pomoć knjaza Nikole, za šta su neposredni povod bili njegovi, u „Zastavi" objavljivani članci o Krivošijskom ustanku, u kojima brani Crnu Goru od napada bečkih i peštanskih listova.

či u Herceg Novi gde, 1932, i umire[5]. Po sopstvenoj želji, sahranjen je pored svoje žene na groblju manastira Savine.

* * *

Raznim vidovima svoje dugotrajne bogate aktivnosti, Lazar Tomanović bio je čvrsto vezan za Italiju i italijansku kulturu. Misiju zbližavanja našeg i italijanskog naroda obavljao je na razne načine.

Kao publicista – u svojstvu dopisnika iz Dalmacije mletačkog dnevnog lista „Il Tempo" godine 1877 (do Berlinskog kongresa) – Tomanović je, kako sam kaže „vojevao... za slobodu Bosne i Hercegovine a i za prava Srbije i Crne Gore". To njegovo „vojevanje" pobuđuje Kostu Vojnovića, rektora Zagrebačkog sveučilišta, da mu odgovori[6]. Tako su na stranica-

---

[5] Vodeći listovi toga doba zabeležili su njegovu smrt: C. *Smrt d-ra Laza Tomanovića,* „Zapisi", 1933, 559-560: P. Popović, Dr Lazar Tomanović (1845–1932), „Prilozi za književnost, jezik, istoriju i folklor", 1933, XIII, 238–239: P. Šoć, *Dr Lazar Tomanović,* „Misao", 1933, br. 15, 380–384. (U štampi je obeležena i šezdesetogodišnjica Tomanovićeva rada: V. Stajić, *Šezdesetogodišnjica književnog i novinarskog rada g. dra Laze Tomanovića,* „Letopis Matice srpske", 1928, br. 102, 435–438). Pored članaka koji se tiču Tomanovićeva života iz f.n. 1 up. i L. Tomanović, *Autobiografija,* „Zastava", 1927, br. 296, 3 i *Skica za Autobiografiju,* koja se čuva u zaostavštini i koja se po nekim elementima razlikuje od Autobiografije.

[6] Na šta će Tomanović ponovljeno replicirati, pa se Vojnović „više nije čuo". Up. L. T. *Autobiografija,* ... 3. Na osnovu ovih, ali i podataka iz *Skice za Autobiografiju* („A kada je Rusija priskočila u pomoć srpskim knjaževinama, nastavio sam rad u mletačkom „Tempu", organu zapadne lijeve grupe, koji je bio za Austriju zabranjen pa je izlazio pod imenom „Il Movimento" i dalje se čitao osobito po Dalmaciji, i taj moj rad protivu čežnje Austrije... bio je izazvao Kosta Vojnovića, ... da ga u istom listu parališe, što mu je bilo i dozvoljeno obzirom na njegov visoki položaj reservom da mu ja odgovorim"), potom iz pisma – koncept se čuva u zaostavštini – na italijanskom nekom gospodinu P. Papi iz Herceg Novog, oko 1880: („... e nel 1878 scrissi nel *Tempo* di Venezia smascherando in Italia l'odiosa politica croata nell'oriente" „...i 1878 – pisah u mletačkom *Tempu* raskrinkavajući u Italiji gnusnu hrvatsku politiku na Istoku"); iako su članci nepotpisani, utvrdili smo da se Tomanović javlja kao dopisnik u rubrici „Nostre corrispondenze" (up. n. 116, 1-2; n. 162, 1-2; n. 186, 1; n. 196, 1-2; n. 222, 1-2; n. 245, 1). Članak *I Croati e la questione d'Oriente* (n. 206, 1-2) Vojnovićeva je reakcija na Tomanovićev *Le idee di Annessione* (n. 186, 1).

ma italijanskog lista suprotstavljana dva sasvim različita stava o aktuelnim događajima, a oba u nameri da, uoči još težih događaja, „italijansko javno mnjenje... ne bude obmanuto frazama i *predrasudama*...".[7]

Kao državnik, 1908. godine, u svojstvu izaslanika knjaza Nikole, u specijalnoj je misiji u Italiji povodom austrougarske aneksije Bosne i Hercegovine. Pod zvučnim i upadljivim naslovima na prvim stranicama italijanskih novina, objavljeni su opširni članci i intervjui s Lazarom Tomanovićem: italijanska javnost je očito pridavala veliki značaj mišljenju predsednika crnogorske vlade[8]. Svi listovi smatraju za potrebno da naglase kako govori „in perfetto italiano", odlično poznaje italijansku istoriju i kulturu, kako je veliki prijatelj Italije i kako je bio od ogromne pomoći garibaldincima koji su učestvovali u Hercegovačkom ustanku[9].

Misiju zbližavanja italijanske i naše kulture, šire gledano zbližavanja italijanskog i našeg naroda, vrši pre svega kao popularizator italijanske književnosti: prevodima kako proze (Gveracijevog romana), tako i poezije (Petrarkinih, Foskolovih, Leopardijevih i Karerinih stihova); člancima, raspravama, prikazima. Svojom uređivačkom politikom časopisa i listova utiče na njihovu kulturnu usmerenost, pa se u kulturnim rubrikama i podliscima sve češće pojavljuju napisi s italijanskom tematikom. Uostalom, Tomanović se i počeo baviti književnošću i književnom kritikom upravo italijanske tematike.

---

[7] Dok Vojnović pozdravlja Austro-Ugarsku kao osloboditeljicu bosanskog življa od Turaka, Tomanović svim žarom rodoljublja u dva članka pod istim naslovom *Ancora sui Croati* (n. 1–2, 222 i 224) ustaje protiv aneksije i, poput „Zastave", smatra da je za Bosnu i Hercegovinu bolje da bude i pod Turcima no pod Austrijom.

[8] Na primer: *Una nostra intervista col presidente dei ministri del Montenegro*, „Il Secolo", n. 300, 1; *Un colloquio con S.E. il Presidente Tomanovich – Il sentimento del Montenegro: popolo e Governo* i *Lazzaro Tomanovich*, „La Tribuna", n. 300, 1–2 i n. 302, 1; *Una nostra intervista col primo ministro del Montenegro*, „Corriere degle Puglie", n. 302, 1.

[9] Njegovo ime će se pojaviti u italijanskoj štampi i sledeće godine: venecijanski „L Adriatico" (1909, 15. II) prenosi na prvoj strani integralni Tomanovićev govor, takođe o aneksiji: *Dal Montenegro – Il Discorso del Presidente del Consiglio alla Schouptchina*.

Razloge velike ljubavi i svesrdnog bavljenja italijanskom kulturom i književnošću[10], kojoj posvećuje toliko – i onih mladićkih i onih zrelih – snaga, nalazimo u nekolikim činjenicama. Tomanović je iz kraja koji je mnogim istorijskim činiocima tesno vezan za italijansku kulturnu tradiciju. Još od detinjstva znao je i voleo italijanski jezik (ne samo što se u njegovoj kući italijanski govorilo, već su se članovi porodice, po svedočanstvu njegove kćeri Rosande[11], i dopisivali na italijanskom), učio je škole i studirao na italijanskom. Ali odlučujuća je svakako bila njegova pripadnost Ujedinjenoj omladini srpskoj, predanost njenim idealima nacionalnog i političkog oslobođenja.

Još u mladosti, kao đak u Zadru, on postaje „povjerenik Srpske Ujedinjene Omladine za sve primorje od Zadra do Kotora", pokreće društvo „Prvenac", „s pisanim književnim organom", „duševno već pod zastavom Miletića"[12]. Ponesenost idejama Miletića i Ujedinjene omladine srpske, sigurno je uticala i na njegovu odluku da napusti pripremu za sveštenički poziv i nastavi školovanje[13]. Prelaskom u Novi Sad, a kasnije

---

[10] „... narod Danteja, Petrarka, Tasa i ostalijeh velikana, kojijema se i još nemože nikakav narod ni približiti a kamoli dostignuti...", veli Tomanović u pismu od 27. V 1870. A. Hadžiću povodom svog prevoda Gveracijeva romana (ROMS, inv. br. 3680).

[11] Prilikom moje posete domu Tomanovića radi upoznavanja sa zaostavštinom, u jesen 1975. godine.

[12] L. Tomanović, *Miletićev uticaj na Primorju (moja lična uspomena)*, „Letopis Matice srpske" 1926, knj. 368, sv. 3, 103. 'Prvenac' je imao za cilj: 1. Kupljanje priloga za fond ujedinjene omladine Srbske i upisivanje joj članova. 2. Da razturuje po primorju dobre srbske knjige. Društvo ne ograničava svoju agitaciju samo na Zadar, no je širi i na Šibenik, Skradin, Kotor i Budvu. Društvo je imalo 16 članova, a duša mu je bio sedmoškolac Lazo Tomanović". Up. J. Skerlić, *Omladina i njena književnost*, Beograd 1925, 86 („Na stranicama 'Prvenca' izbija srpska nacionalna misao i ideja o obnovi Dušanova carstva. Raspravlja se pitanje oslobođenja Bosne i Hercegovine, kao i općenito pitanje emancipacije naših naroda od tuđinske vlasti, prvenstveno turske. O tome piše naročito Lazar Tomanović..."), vidi i u R. Petrović, *Nacionalno pitanje u Dalmaciji u XIX stoljeću*, Sarajevo 1968, 356–357.

[13] „Ja sam eto sedam godina na carskom blagodjejaniju u semeništu, đe se primaju samo oni koji se misle sveštenstvu posvetiti. Dakle i ja bih morao sveštenik biti, al po mom pobeđenju i sovjetu mojih prijatelja odlučio sam da ne budem, – nego da se na više nauke dadem. No kojom

na studije u Grac, on još aktivnije i neposrednije učestvuje u radu Omladine[14]. Ta njegova vezanost za omladinski pokret, zbog koje će jednom biti i uhapšen, na izvestan način će ga odrediti za ceo život. Još je Skerlić u monografiji *Omladina i njena književnost* istakao tesnu vezanost ovog pokreta za italijanski Risorđimento, a u naše vreme čitava jedna knjiga posvećena je bliskosti dvaju preporoda. U to doba – šezdesetih i sedamdesetih godina prošloga veka – „političke ideje Macinija i Garibaldija služile /su/ kao oslonac i podsticaj srpskim liberalima, a Macinijev i Garibaldijev nacionalnorevolucionarni aktivizam pragmatično se koristio u političkoj propagandi koju je vodila Ujedinjena omladina srpska"[15].

---

pomoći?... I niđe je nemogah naći nego kod Matice srbske – i eto joj prošnju na to šiljem... I vama ću baš sa svom slobodom kao mom bratu starijem da srce raztvorim. Mene je sasvijem zanio vihor, te po mladom i svjesnom srbstvu vije a u tolikoj je opoziciji sa zastarijelim i glupim našim sveštenstvom... sve sam gledo da postanem sam sobom vlastan... kako ću se bolje nauci predati, – jer vi nemožete znati koji je nazadak i prokletstvo u semeništu...", piše Tomanović „na Preobraženje" u pomenutom pismu A. Hadžiću.
[14] „U N. Sadu sam bio više u uredništvu „Zastave" nego u gimnaziji. Miletić je bio naredio administraciji lista, da mi daje sve što mi ustreba". L. Tomanović, *Miletićev uticaj*..., 106. U Gracu je bio predsednik dalmatinskog društva „Biokovo" i član „Srbadije".
[15] N. Stipčević, *Dva preporoda*, Beograd 1979, 13. Kakav je utisak na svoju sredinu ostavljao mladi Tomanović najlepše nam pokazuje Matavuljevo sećanje: „...On je sa svakim bio sušta ljubaznost, propovjednik srpskih omladinskih ideala, primjer hrabrosti prema činovništvu i špijonima, u zemlji gdje je do skora dželat imao dosta posla. Omladina ga je obožavala, ali sve skupa nije više nego ja. Uz to, on je onda bio vjeren, zaljubljen i ljubljen, kako rijetko biva, te se blaženstvo njegove duše ogledalo na njegovu licu, u svakoj riječi i pokretu..." (*Bilješke jednog pisca*, Beograd 1939, 60)

PREVOD GVERACIJEVOG ROMANA *OBSADA FIORENCIJE*

Početkom 1870. godine u Pešti je, na srpskohrvatskom jeziku, izišla prva, a ubrzo potom i druga i treća sveska romana italijanskog pisca Frančeska Domenika Gveracija *Obsada Fiorencije*[1]. Tako je Lazar Tomanović, student prava na peštanskom univerzitetu, otpočeo da u vlastitom izdanju (pošto ga je „Matica" odbila)[2] objavljuje prevod ovog dela. Prevod je izišao u ukupno pet svezaka (četvrta i peta štampane su 1871), od po pet do sedam tabaka „Matičina" formata, u tiražu od 1000 primeraka. Štamparija – „Brzotisak Viktora Hornjanskog". Na poleđini svake, izuzev poslednje, sveske izdavač-prevodilac „razgovara sa čitaocima". On ih tu obaveštava o značajnim pojedinostima u vezi s izdavanjem i najavljuje naslove glava romana koje će se pojaviti u narednim sveskama. Na početku prve sveske štampan je prevodiočev *Predgovor*, a na početku pete (!) autorov *Uvod*. U petoj svesci je, neposredno pre autorova uvoda, i prevodiočeva opširna posveta Polit–Desančiću

---

[1] *Francesco Domenico Guerrazzi* (1804–1873), književnik i političar, osim *L'Assedio di Firenze* i romana *Beatrice Cenci*, koji se u našem radu pominje, objavio je niz dela: roman *La battaglia di benevento* (1827), seriju „italijanska hronika" – *La Duchessa di San Giuliano* (1838), *Isabella Orsini, duchessa di Bracciano* (1844), *Il marchese di Santa Prassede o Lala vendetta paterna* (1853), *La Torre di Nonza* (1857), *Paolo Pelliccioni* (1864), *La figlia di Curzio Picchena* (1869) i dr.; satiričke pripovetke *La serpicina* i *I nuovi Tartuffi* (1847), potom *L'Asino* (1857), *Il buco nel muro* (1862); ironičnu fantaziju *Fides* (1857); *Storia di un moscone* (1858); *L'Assedio di Roma* (1864), gde oživljava događaje iz 1849; biografije *Pasquale Sottocorno* (1862), *Andrea Doria* (1863), *Francesco Ferrucio* (1863), *Sampiero d' Ornano* (1865) i dr.; mnoge političke spise, sećanja itd.
[2] Up. pismo L. Tomanovića A. Hadžiću, uredniku „Matice", od 27. V 1870, koje se čuva u ROMS, Novi Sad, inv. br. 3680.

(„kao k svome učitelju", „uzoru čistog i čeličnog poštenja" i „cvijetu uma i srca srbskoga")[3].

Najzad, nakon završenog teksta romana (ukupno 480 stranica) prevodilac štampa i dva priloga: prvo, *Primjedbu*, u kojoj, pored nekih opaski o delu i teškoćama prevođenja, daje i izvod iz pisma Gveracijeva izdavača i pismo samoga autora prevodiocu (i jedno i drugo na italijanskom i srpskohrvatskom) i, drugo, spisak pretplatnika pod naslovom *G. G. Predbrojnici – izdavaoci*.

Sredstva za sve troškove oko objavljivanja prevoda Tomanović nastoji da, kako se tada radilo, osigura „prenumeracijom", i u tu svrhu u Miletićevoj „Zastavi", u „Govornici" i u „Matici" objavljuje *Poziv na predplatu*.[4] (Pretplatnika se, „stalnih", javilo oko 700.)

Tadanja periodika uredno prati izlaženje prevoda, i već prve sveske pobuđuju žive odzive. Pišući o tim danima, Simo Matavulj ističe: „U to vrijeme iziđe Tomanovićev prijevod Gveracijeve 'Opsade Fiorencije'. Sumnjam da je kakva knjiga dotle u Primorju učinila senzaciju kao ta"![5]

---

[3] Zbog izuzetne zanimljivosti, posvetu donosimo u celini:
„Dru M. Polit Desančiću.

Od kada je moje srce počelo da za Srbstvom kuca, ničij mu glas ne učešćava udare, kao Vaš kad god se podigne za bolju budućnost nesrećnoga naroda srbskoga. I ako najmučnije živim, najviše mislim i najjače osjećam za Srbstvom, jer ako sam velikijem trudom i požrtvovanjem u olujini najburnijeh strasti preveo ovo djelo slavnoga osvetnika i nagrditelja izdajstva i dobročinstva, poroka i vrlina naroda italijanskoga, te ga pružio Srbinu kao svijeću u ovo naše mračno doba malodušja, pokvarenosti i opačine; to je dobar dio u tome i djela Vaše vatrene ljubavi k Srbstvu, s kojom ste me obilato zadahnuli. Otud odanost, otud poštovanje, otud ljubav moja k Vama, kao k svome učitelju, kao k uzoru čistog i čeličnog poštenja, kao k cvijetu uma i srca srbskoga. To je Vama već poznato po čistom i iskrenom prijateljstvu koje nas u tijesno steže; to sam ispovjedao svuda i svakome; ali je moja želja bila da to i javnosti i budućnosti povjerim, što radosno činim ovom prilikom, posvećujući Vama ovaj moj slabi prevod, nadajući se da ćete sa zadovoljstvom primiti ovaj slobodni izraz mojijeh osjećanja k Vama, pošto su i Bogovima ugodne pohvale ma im se one uzdizale i sa smrtnijeh usana."

[4] „Zastava", 1870, br. 6, 4; „Govornica", 1870, br. 2, rubrika *Privatni oglasi*; „Matica", 1870, br. 1, 22, rubrika *Književne beleške*.

[5] S. Matavulj, *Bilješke jednog pisca*, Beograd 1939, 41. Na str. 44 Matavulj o Tomanoviću veli: „On je svršavao pravo u Gracu, a u našim

A pojava te knjige nije bila „senzacija" samo na Primorju. U Vojvodini, u „Mladoj Srbadiji", ubrzo po objavljivanju prve sveske izlazi opširna anonimna i dovoljno oštra kritika Tomanovićeva poduhvata. Prvo, kritičar lista dovodi u pitanje samu potrebu prevođenja Gveracijeva dela: ma kako da je Gveraci „...ovom svojom *Obsadom Fiorencije* učinio epohu u talijanskoj književnosti", i mada je to pisac redak, čiji glas treba čuti i van njegove otadžbine, ovo delo nije trebalo prevoditi na naš jezik, jer njegovo čitanje iziskuje poznavanje italijanske istorije, „a toga poznavanja...ne samo da...nema srednja i niža klasa, nego su retki, strahota retki, i oni od tako zvane inteligencije, koji ga imaju", i prevođenje ne donosi ni toliko koristi, „koliko bismo u najgorem slučaju mogli iskati za izdani novac".

Drugo, kritičar zamera prevodiocu konkretne slabosti prevoda i to:

– loš jezik: „Srpsko je ruho na tome delu odista veoma loše... L. Tomanović ne ume toliko srpski pisati, koliko razume talijanski, a valjalo bi da zna bolje srpski...";
– nepoznavanje gramatike: „ ...L. Tomanović... ne poznaje ni srpske gramatike toliko, koliko se *mora* iskati od svakog prevodioca";
– upotrebu crkvenoslovenskih reči.[6]

Koliko smo mogli da utvrdimo, drugih nepovoljnih kritika nije bilo. Izlaženje *Opsade* pozdravili su „Govornica", novosadski „Narod" i zadarski „Il Dalmata".

„Govornica", verovatno rečima uredništva, indirektno odgovara „Mladoj Srbadiji": „Nismo se nimalo prevarili kad smo još pre ugleda prve sveske preporučili našem svetu ovo veoma važno delo". Smatrajući da prva sveska romana potpuno opravdava očekivanja, uredništvo navodi Tomanovićeve reči iz poziva na pretplatu: najveća je briga da prva sveska „svijeta ugleda", a kad onda „u njoj počne Srbin da svoje misli čita",

---

krajevima bio je čuven zbog pomenutog prijevoda 'Opsade Fiorencije', kao i zbog pisanja u vojvođanskim listovima, u kojima je vojevao za istu misao kao i Janković i Bjelanović".

[6] „Mlada Srbadija", 1870, br. 2, 98–99.

misli uspavane „otrovom javnog mnjenja, kojim si život produžuje lažni liberalizam preko najamničke štampe", broj pretplatnika će se sigurno utrostručiti. Zatim, list je voljan da i sam pomogne u ovom poduhvatu, pa uredništvo nudi čitaocima da se preko „Govornice" „prenumerišu", i to čini „bez ikakve koristi, do jedino da oblakša(mo) publici nabavku" knjige iz koje će se bolje shvatiti napredne ideje narodnosti „kojom ova knjiga diše, raspaljujući patriote na spasonosan rad, na rad ujedinjenja narodnog elementa".[7]

Novosadski „Narod", u rubrici *Književnost*, prenosi iz zadarskog lista „Il Dalmata" članak povodom izlaženja svih pet svezaka Gveracijeva romana. U članku se govori i o prevodu, i o samom romanu, a nakon članka uredništvo „Naroda" kaže: „Mi s naše strane svakom Srbinu možemo najtoplije preporučiti knjigu g. *Laze Tomanovića*. On je s najvećim trudom i požrtvovanjem taj klasični talijanski roman srpskoj publici pristupačan učinio. Ako bi se malim odzivom, tako hrđavo nagrađivali trudi mladi spisatelja, da iz svojih knjiga ni troška ne mogu da izvade – to bi teško više koji mladi Srbin kakovo klasično delo preveo. *Obsada Fiorencije* tako je divan i lep roman da po sebi svaku preporuku zaslužuje...Istina da *„Obsada Fiorencije"* kao klasičan roman nema one 'pikantne stvari' kao sadašnji francuski roman, al' tim više kadar je taj roman u poletu narodnom oduševiti svako patriotsko srce..."[8]

A najtopliji, najopširniji i po Tomanovića najpozitivniji prikaz prevoda Gveracijeva dela je upravo onaj što ga je objavio zadarski list „Il Dalmata"[9]. Prikaz je „jednijem Srbinom srbskijem jezikom napisan", „ispod Velebita na pravoslavni Đurđev dan", a potpisan je samo sa *H*.

Na početku tog prikaza nepoznati nam saradnik zadarskog lista kaže da je mladi spisatelj prevodom *Obsade Fiorencije* zadenuo „lijepi cvjetak i (?) kitu naše književnosti" i zahvalju-

---

[7] „Govornica", 1870, br. 7, 68.
[8] „Narod", 1872, br. 69, 4.
[9] Prema „Narodu", 1872, br. 69, 4. – K. Milutinović (*Vojvodina i Dalmacija*, Novi Sad 1973, 110) navodi kao pozitivno i mišljenje V. Pelagića. Međutim, Pelagić govori samo o valjanosti Gveracijeva romana, a ne i prevoda. (Up.: V. Pelagić, *Izabrani spisi*, Sarajevo 1952, knj. I, 195)

je Tomanoviću i za to što je prebrodio sve prepreke, i što je *prvi među Slovenima*[10] (Kurziv M. Z.) preveo to delo, što nas je upoznao s „jednim prvakom talijanskih oslobodilaca". Očito ciljajući na „Mladu Srbadiju", autor ovog članka dalje kaže: „Neki strogi kritičari mnogo su što šta primijetili ovome prevodu, kako je na primjer oblik sav talijanski, kako je na nekim mjestima uvrijeđeno svojstvo našega jezika, i uobće da ovo djelo nije preobučeno u narodno ruvo. A kritičar je (i sam „utilitarističkog" poimanja književnosti), međutim, mišljenja da čitaoca treba najpre upoznati sa samim romanom *Obsada Fiorencije*, s okolnostima u kojima je roman pisan, s ciljevima koje je sebi postavio pisac romana, pa tek onda prosuđivati prevod i njegove „vrijednosti i koristi po nas". Svoje tumačenje Gveracijevih pobuda za pisanje ovog romana saradnik lista potkrepljuje Macinijevim mišljenjem o delu. Ono mu služi i kao polazna tačka za razmatranje prevoda, odnosno razloga kojima se rukovodio Tomanović kad se poduhvatio ovoga posla. Za Macinija je duša *Obsade* politički cilj, i delo ne treba posmatrati s književne tačke gledišta, ono je u suštini svojoj „pravi boj"; Gveraciju umetnost služi kao sredstvo pouke. Prikazivač, ponovno se pozivajući na Macinija, traži da se Tomanovićev rad ne prosuđuje s književnog stanovišta, jer kad se Macini pita šta će Italiji, ropkinji, umetnost, možemo se i mi to isto upitati. I „... s toga moramo priznati da je plemenita namjera g. Tomanovića, da se dobrom cilju uputio, da je junački do njega došao; njegove knjige neka svaki rodoljub u ruke uzme jer će se u njoj naučiti velikim vrlinama i plemenitim osjećajima, vidi će kako treba rod ljubiti i za svoju otadžbinu krv liti..." Pisac prikaza veruje da će našem čitaocu ova knjiga omiliti, da će mu biti lakše da trpi i da se bori kad bude video da nije usamljen, da će ga ona podsetiti na Kosovo, na Miloša, Kosovku devojku, Brankovića. Zahvaljuje se prikazivač Tomanoviću što nas je bolje upoznao sa susedima Italijanima, a za Gveracijevo pismo prevodiocu smatra da služi na čast ne samo Tomanoviću, već i čitavom našem narodu. Na kraju ka-

---

[10] Ovaj Gveracijev roman preveden je, u dve knjige, na ruski tek 1934–35. godine, dok je *Beatrice Cenci,* roman koji je na italijanskom objavljen prvi put 1854, u Rusiji izašao 1890. godine.

že: „S ovijem je on potvrdio ono mnjenje koje o njemu imamo i kao književniku i kao rodoljubu, pokazao se pravim sledovateljem omladinskih načela i dostojnim sinom svoje otadžbine. Neka i unaprijed on dariva tako svoj narod nepazeći na zlobne potvore, neka korača putem kojim je udario na diku sebi i svome – mučan je, vrletan je, ali dičan put koji k slavi vodi".

Sam Tomanović, odmah nakon početka svoga *Predgovora*, u kome objašnjava zašto se odlučio, „usudio" da prevodi Gveracijevo delo, pominje i teškoće, „čemerne trenutke" koje je iskusilo njegovo srce „dokle je ideal svoj u srbstvo pustilo". Delo je to „svestručno", i da bi se „neoštećeno" iz italijanskog u naš jezik „promijenilo", prevodilac bi „morao biti savršeni znalac oba jezika, il' bolje, rječnik srbskoga jezika i talijansko-srbskog..." Istovremeno izjavljuje da će se radovati „ako se nađe koji prijatelj i moj i srbskog jezika" da „upre prstom na sve mane... koje oduzimlju sjaj srbskoj haljini divnog mezimčeta Gveracijevog".

Da Tomanović nije bio sam zadovoljan svojim prevodom, vidi se iz ispravaka koje, njegovom rukom ispisane, nalazimo u primerku što se čuva u porodici Tomanovića: tu su, na više mesta, crvenom olovkom podvučene ili izmenjene reči i rečenice, a na jednom mestu na margini stoji: *pogrešno*.[11]

Međutim, i pored kritičkog mišljenja o svom radu, („... moj je prevod rogobatan, a original spada među najmučnije proizvode talijanske književnosti"[12]), Tomanović se nije *obradovao* kad je anonimni kritičar u „Mladoj Srbadiji" „upro prstom" u mane njegova pothvata, već je uvređeno i ozlojeđeno reagovao. Ali prema onome kako je reagovao, izgleda da ozlojeđenost ne dolazi otud što kritičar iznosi njegove pogreške, već kako ih iznosi. I očito kao indirektan odgovor na pisanje „nekog gospodina" iz „Mlade Srbadije", Tomanović na poleđini treće sveske *Obsade* prenosi mišljenje „Govornice" o izdavanju ovoga „veoma važnog" dela.

---

[11] F. D. Gveraci, *Obsada Fiorencije*, IX, 4. red odozgo, rečenica: „Zemaljski se vlasnici služe gvozdenijem bičevima, a i od škrpljuna" u pomenutom Tomanovićevom primerku je precrtana.
[12] *Nav. delo*, sv. V, 481–482.

Koji su razlozi naveli Tomanovića, studenta prve godine, da za prvi svoj prevod odabere upravo Gveracijev roman *L'Assedio di Firenze*? Nama se čini da odgovor na ovo pitanje nalazimo pre svega u ne malom uticaju Ujedinjene omladine srpske na razvitak i orijentaciju mladog Tomanovića. Još kao učenik pravoslavnog seminarijuma u Zadru (gde se, u uslovima osobito razvijene kulturne klime, najverovatnije i sreo s tada vrlo popularnim italijanskim romantičarsko-istorijskim romanima, pa i s Gveracijevim)[13], on se strasno vezao za revolucionarne demokratske ideje Svetozara Miletića i levo krilo Omladine. U takvim društvenim prilikama, kad su Macini i Garibaldi bili našim omladincima uzor – „primer prema kojem su izrađivali svoje ideje...",[14] „kad se politika i kultura nisu lučile",[15] i omladinska književnost bila je, kako je još Skerlić rekao, „odjek ideja i težnji celoga naraštaja", tako tesno vezana za politički život, da bi je odvojenu od tog života bilo teško i razumeti.[16] Prema tome, nije za čuđenje što je strasni *omladinac* i rodoljub Tomanović uzeo da prevodi delo Gveracija, jednog od najvatrenijih pobornika *Risordimenta*, i to onog najnaprednijeg njegovog dela. Pored ostalih razloga, a svi su bili manje-više vanliterarne prirode, Tomanovića je na ovaj poduhvat navela i izuzetna ličnost samog Gveracija – proganjanog rodoljuba, aktivnog učesnika u borbama za prava naroda, žestokog antiklerikalca (za razliku od većine pisaca italijanskog Preporoda) i istovremeno prijatelja i saborca srpskim omladincima toliko omiljenog Macinija.[17] Mladom Tomanoviću morala je biti privlačna ličnost pesnika koji zbog svojih ideja provodi tolike godine po tamnicama (u jednoj od njih je,

---

[13] O toj klimi donosi u svojim dvema studijama vrlo iscrpne podatke M. Zorić: *Romantički pisci u Dalmaciji na talijanskom jeziku*, Zagreb 1971. i *M. Kažutić (1804–1842)*, Zagreb 1965.
[14] J. Skerlić, *Omladina i njena književnost (1848–1871)*, Beograd 1906, 188.
[15] N. Stipčević, *Marko Antonio Kanini* u: *Dva preporoda*, Beograd 1979, 255.
[16] Nav. delo, XII.
[17] Između ostalog, Gveraci je s Macinijem, od januara 1829. do februara 1830, izdavao i nedeljnik „L'Indicatore livornese", ukupno 48 brojeva.

u Porto Ferajo na Elbi, i napisao roman *L'Assedio*),[18] koji „sav život otačastvu posvećuje i od njega nikakve koristi ni časti ne traži, pače i prezire".[19]

Dati društvenoistorijski trenutak, iako se vremenski ne podudara ali po osnovnim svojstvima istovetan je u Italiji i kod nas (kad Tomanović objavljuje prve sveske prevoda, Italija je već ujedinjena, a Gveraci ubrzo za tim, 1877, umire) nadahnuo je Gveracija da ovaj roman napiše, a Tomanovića da ga prevede. Taj trenutak zahteva od pisaca–rodoljuba „angažovano" delanje i aktivan odnos u pitanju funkcije književnosti.[20]

I kao što je Gveraciju *L'Assedio di Firenze* „knjiga napisana pošto (on) nije bio u mogućnosti da učestvuje u borbi",[21] kao što mu je srednji vek samo „koprena modernih ideala",[22] a pripovedanje događaja oko zauzimanja Firence samo pouka savremenicima, tako je i Tomanoviću prevod te knjige ispunjenje vlastitoga duga prema otadžbini i „opomena" svome narodu. I on tom narodu podnosi „ogledalo u kom će moći nadozreti svoje izdajice..."[23]

Po unutarnjem sklopu, po semantičko-stilskoj strukturi sa, kao što smo ne jednom istakli, veoma naglašenom rodoljubivom notom, Gveracijev roman je tipično romantičarski, pa je svakako i svojim nacionalno obojenim romantičarstvom privukao Tomanovića. Njemu, vaspitanom na junačkim narod-

---

[18] Gveraci je roman prvi put objavio u Parizu 1836, pod pseudonimom Anselmo Gualandi.

[19] L. A. Tomanović, *F. D. Gveraci*, „Glas Crnogorca", 1873, br 23–24, 3.

[20] „... takozvani utilitarni pogled na umetnost, tj sklonost da se njenim delima pridaje značaj presude pojavama života i radosna gotovost, koja uvek prati tu sklonost, da se učestvuje u socijalnim bitkama – nastaje i učvršćuje se tamo gde postoji uzajamno razumevanje između većeg dela društva i ljudi koji se više ili manje aktivno interesuju za umetničko stvaranje" – kako je, mnogo godina kasnije, formulisao ruski estetičar – marksista. (G. V. Plehanov, *Umetnost i društveni život* u *Umetnost i književnost*, I, Beograd 1949, 13.

[21] B. Croce, *Gli ultimi romanzi di F. D. Guerrazzi*, u *La letteratura della nuova Italia*, vol. I, Bari 1914, 28.

[22] 22 F. De Sanktis, *Povijest talijanske književnosti*, Zagreb 1965, 646.

[23] Iz navedenog pisma A. Hadžiću.

nim pesmama i Njegoševoj poeziji, bili su bliski mnogobrojni primeri „čojstva i junaštva", motiv ličnog žrtvovanja za dobro otadžbine, naglašeno isticanje osobite lestvice ljudskih vrednosti u određenim istorijskim razdobljima, čime je obilovala ova storija o Firenci. Šire posmatrano, mogli bismo čak pretpostaviti da je Tomanović nalazio i nekih dodirnih tačaka između Gveracijeva romana, s jedne, i njegoševske poezije, odnosno naše narodne pesničke tradicije – onako kako ju je on romantičarski poimao – s druge strane.

Tomanović je više puta pisao o Gveraciju i njegovom književnom delu, ali nigde nije pominjao, a kamoli tumačio, neke osobine Gveracijeva romana – „bolesnu prijemčivost za grozote, za prizore telesnog i duševnog mučenja"[24], književnikovu vezanost za engleski „crni roman", za delo Ane Retklif (Ann Radcliffe), a pre svega za Bajrona (poznato je koliko se Gveraci oduševljavao Bajronom i koliko je traga od toga ostalo na njegovom životu i radu). S obzirom na to kako je shvatao funkciju književnosti, mogli bismo pretpostaviti da Tomanović takva mesta iz romana uzima kao izraze Gveracijeve mržnje prema izdajicama i podlacima.

Sve što smo naveli o Tomanovićevu prevodu Gveracijeva dela potvrđuje nam postavku da je prevod zapravo „književna vrsta koja najjasnije iskazuje istoriju ukusa i kulture".[25] Uzimajući i ovaj prevod kao određeni način književnog delovanja, pokušaćemo da konkretno odgovorimo na pitanje: kakve je „... transformacije" doživelo ovo delo... u procesu prevođenja na naš jezik i prilagođavanja našoj sredini i našem ukusu".[26]

Pri upoređivanju originalnog teksta i prevoda ovog romana najpre nam padaju u oči znatna skraćivanja, odnosno *izostavljanja* reči, delova rečenica, čitavih rečenica, pa ponekad i čitavih odlomaka romana odnosno autorovih napomena. Gotovo

---
[24] Mario Praz, *La carne, la morte e il diavolo nella letteratura romantica*, Firenca 1966, 236.
[25] Benvenuto Terracini, *Il problema della traduzione* u *Conflitti di lingue e di cultura*, Venecija 1957, 98.
[26] Zoran Konstantinović, *O savremenim teorijama o uporednom proučavanju književnosti* u „Uporedna istraživanja", 1, Beograd 1976, 24.

da nema stranice prevedenog teksta na kojoj nije nešto izostavljeno, i to mahom bez ikakvog označavanja. Na primer, na samom početku prve glave romana Tomanović skraćuje (i menja) opis junaka tako da ga svodi gotovo na trećinu, a od mnoštva detalja junakove odeće navodi samo: „... na njemu bješe francusko nošivo". Ovo skraćivanje teksta dovodi prevodioca do skraćivanja u napomenama: prvu napomenu on sasvim izostavlja a drugu znatno smanjuje. Takvih, karakterističnih primera izostavljanja nalazimo i u osmoj glavi „Giovanni Bandino", potom u glavi dvadeset i četvrtoj itd. itd. Ali sva ta mnogobrojna izostavljanja u prevodu ne ostavljaju utisak da je Tomanović skraćivao original po nekom unapred smišljenom i dosledno sprovođenom planu. Ne bi se moglo reći ni da je išao za sažimanjem radi jasnoće izraza. Najverovatnije je sve to činio s ciljem da tekst učini pristupačnijim našem čitaocu (izostavljao je on i u svojim poznijim prevodima, i uporno je i ubeđeno branio svoje pravo na izostavljanje).[27] A bitno je da time uglavnom nije izneveravao osnovni smisao originala, ni kad su u pitanju misli autora ni kad se radilo o mislima onih koje sam autor navodi. Izuzetak nalazimo, na primer, u slučaju motoa petoj glavi romana (uzgred da pomenemo: moto je štampan u originalu, a prevod, skraćen, u fusnoti), gde u Berninijevim (prozno prevedenim) stihovima nema detalja koji pobliže označuju seljanku (iz prevoda se ne vidi da je ona iz Lombardije) i onih koji istovremeno izražavaju i pesničku gradaciju (u prevodu seljanka misli za papu da je „nešto kao zmaj", u originalu, međutim, papa u njenoj predstavi raste, on je: „... zmaj, planina, lumbarda").

Jedno od izrazitih obeležja Tomanovićeva načina prevođenja jeste i *menjanje* teksta *prilagođavanjem* običajima i ukusu naše čitalačke publike. Na primer, Gveraci se na jednom mestu obraća čitaocima oslovljavajući ih sa *Dame e cavalieri*, a Tomanović taj izraz (a potom i dalji tekst) simptomatično menja – u jedninu i u muški rod: *Dobri moj čitaoče*.

Dalje, kao što Gveraci ponekad smatra za potrebno da neka mesta u romanu poprati napomenama koje će čitaocu ob-

---
[27] Up. „Javor", 1883, br. 49, 1543-1550; „Slovinac", 1884, br. 24, 374–375; br. 30, 467–469, br. 39, 543.

jasniti određene istorijske događaje, tako i Tomanović smatra za potrebno da, kao prevodilac, uz neka mesta da svoja objašnjenja. Time on dodaje originalu, *dopunjuje* ga. I to čini na dva načina: ili donosi sopstvene, zasebne *Primjedbe*, kao i u Gveracija, obično na kraju pojedinih glava, ili dopunjuje svojim rečima Gveracijeve napomene ispod teksta, odnosno dodaje svoje, bez veze s originalom, samostalne napomene.

Tomanovićeve dopune su veoma različite – od običnog uvođenja čitaoca u autorovu napomenu, posebnom napomenom ili komentarom događaja koji autor objašnjava, do tumačenja događaja, odnosno do iskazivanja prevodiočevih shvatanja uloge književnosti i, na kraju, do upoređivanja – onovremenih i istorijskih – događaja i pojava u Italiji s događajima i pojavama u nas. Tako Tomanović na stranicama Gveracijeva romana čak polemiše sa svojim protivnicima i protivnicima svojih istomišljenika, ne propuštajući prilike da se posluži prevodom kao sredstvom i književnog i političkog delovanja.

Kad autor pominje Gizoa (Guizot), Tomanović odmah veli čitaocu: „*Čini mi se neće biti izlišno da kažem, ko je bio Gizo*".[28] Kad, uz dvadeset i sedmu glavu, autor govori o Deđerandu,[29] čiji je sin „pisao interesantna djela o Ugarskoj i o Erdelju", Tomanović upozorava da će se ta dela „sigurno u kom pogledu i nas ticati" i završava: „*nek' se i ovo zna*". U drugoj od svoje četiri primedbe uz prvu glavu opširnije tumači čitaocu stranačku borbu u Firenci i kaže: „*Otud to priviđenje našeg pjesnika*". A svoju primedbu uz dvadeset i šestu glavu počinje: „*Mislim da neće biti sujviše čitaocu ako spustim ovdje jedan povjestnički zračak...*" U prvoj napomeni uz prvu glavu *Obsade* on iscrpno daje istoriju Firence, koja je bila „tačka sviju književnijeh i vještačkijeh napora talijanskijeh. Ta za Boga" – nastavlja – „nije li dosta, što je svijetu pružila jednog Dantea, jednog Petrarku, jednog Mikelánđela... Žao mi je što nemamo prostora da se još zadržimo sa našom junakinjom – Fiorencijom, *a mogli bi još tri dana!*" (U primerima kurziv svuda M. Z.)

---

[28] *Nav. delo*, sv. V, 368 (Guizot, François-Pierre-Guillaume, 1787–1874, francuski istoričar i državnik).
[29] Degerando, Joseph-Marie, 1773–1842, francuski filozof.

Ponekad, uz prenošenje Gveracijevog tumačenja neke pojave ili ličnosti, Tomanović daje i svoj sud. Tako za Kampanelu kaže: „po prevoshodstvu kosmopolit i socijalista".[30] Ima mesta u romanu koja Tomanović na svoju ruku ističe, uz prostodušnu napomenu, na primer: „Ove sam riječi podvukao jer mi iz srca izviru".[31] A uz drugi odlomak koji je sam podvukao, pita: „Imali onda naroda poslije Italijanskog na svijetu do srbskog za kog je ovo djelo stvoreno?!"[32]

Usvajajući Gveracijev „manir" da usred teksta razgovara sa čitaocima, Tomanović ga u nekim prilikama i „razrađuje", i to sasvim na tomanovićevski način. Ističući podvlačenjem na jednom drugom mestu autorove misli (ovog puta odlomak: *„Još nije stiglo vrijeme pobjede; pobjeda ima doći sa vrlinama junaštva, u naša bo vremena Italija netrebuje dručijeh vrlina"*), Tomanović iznosi svoje mišljenje o preimućstvu ljudskih vrlina, pa u fusnoti priča čitaocu: „Ja sam početkom ove godine (1870) jednom prilikom pisao u Biograd jednom mom (možda bivšem) prijatelju i najpoštenijem među 'poznatijem liberalcim',[33] u kom sam pismu radio da dokažem, da nam je sada preče *poštenje od nauke*. On će se biti sigurno nasmijao, pročitav pismo, pa ga bacio; a možda me i sažalio kao prijatelja i Srbina... Naišav na ove redke, *utvrđujem se u mom mnjenju bezazorno!*..."[34]

A kad autor izjavljuje da mu neće biti žao ako se jednoga dana njegovo delo i zaboravi, samo ako od njega koristi bude, jer on „sa svijem srcem želi(m) da se iskra s plamenovima izgubi, samo uslovom da – vatru raspali", Tomanović, kome je uvek na umu glavni cilj, upozorava: „*Otvorite dobro uši – gluhi!*"[35]

Prevodilac gotovo da ne propušta odgovarajući povod ili podstrek u romanu da istakne sopstvena politička gledišta. Tako, uz petu glavu ne samo što, ponovljeno, iznosi svoj stav o kleru i (zlo)delima papa, već ih, bez ikakva objašnjenja, jednom kratkom rečenicom povezuje s prilikama u Srbiji. Ovog

---

[30] *Nav. delo*, sv. V, 368.
[31] *Isto*, 318.
[32] 32 *Isto*.
[33] Najverovatnije je da se radi o Vladimiru Jovanoviću.
[34] *Nav. delo*, sv. V, 345.
[35] *Isto*, 318.

puta autor govori o cenzuri, a prevodilac u svojoj *primjedbi*, pored ostalih „zasluga" pape Lava X, pominje i ovu: „Lavu se ima još zahvaliti plemenita inštitucija proklete cenzure u sveštenočkijem rukama po svijema hristijanskim državama. Rasprostraniv se i utemeljiv po svoj Evropi blagodatna pečatnja (štampa) kroz drugu polovinu XV vijeka sovuljage oćutiše iz daleka zrakove svjetlosti njene te se trebalo obezbjediti; otud cenzura, koja je na vatru sve bacala, što nije išlo u račun tiranstvu svjetskom kao duhovnom; dakle *mjesto istine trebalo je laž rasprostirati, koja će narode u mraku gluposti i predrasuda, kao marvu moći strići, musti i u kasapnicu tjerati. To je visoka svrha cenzure!*" I tu se Tomanoviću, bez ikakvog objašnjavanja o povezanosti prilika u dvema zemljama, oteo poklik (u zagradama): *Da živi Srbija!*

Čak se stiče utisak da Tomanović gotovo traži odgovarajuće primere u Gveracija, koji bi se mogli uporediti s pojavama u nas: kad Gveraci, recimo, u dvadeset i sedmoj glavi (*Il calcio*), govori o sofistima Kolaru i Gizou, Tomanović, nakon nekoliko stranica, u opširnoj primedbi, mora da postavi: „Još jedno pitanje: ako smjeli pisac Gizota, slavnog povjestničara, bičom nazivlje, kako da mi nazovemo regenta Ristića koji nikakvijeh zasluga književnijeh nema, osim što kadikad pokaže svoju genijalnost u bestidnoj novinarskoj grdnji protivu prvijeh patriota srbskijeh? (V. u 'Jedinstvu' članak 'Dr Polit-Desančić')".

U Tomanovićevom radu ima *i doslovnog prevođenja*, odnosno, u ponekim slučajevima, i nerazumevanja smisla. Na primer:

Sopra la sua fronte sublime potevano
la gioia o il dolore spiegarsi nell'ampiezza
della loro potenza: e certo sovente se ne
afternarono il dominio;

Na njegovom prostranom čelu mogla
je radost ili tuga da se razvija u
svoj veličini moći svoje: i zaista
često su se na njemu u vladi menjali;[36]

---
[36] *Nav. delo*, vol. I, 14 i sv. I, 1.

Desi mu se ponekad da propusti netačnost ili da ne upotrebi odgovarajuću reč. Na primer, umesto *zidine* imamo *zidove*, umesto *plavo* (nebo) – *ljubičasto* i sl. A na pojedinim mestima, opet, ne odlučuje se za određeni izraz, pa u zagradi daje dublet, ostavljajući čitaocu, valjda, da se opredeli. Na primer, rečenicu *Sento l'influsso della mia stella*, Tomanović prevodi: *Čujem (osjećam) upliv moje zvijezde*; u drugim slučajevima imamo dublete: *sablje iz Damaška (dimiškije)*; *ispod makljenova (platana)*; *mrtvi ne osjećaju (ne čuju)*; *ljiljan (lijer)*; *pse (hrtove)*; *par brnica (minđuša)* itd.

Potom, u Tomanovićevu prevodu Gveracijeva romana ima pravopisnih i jezičkih *neujednačenosti*. Dopustićemo da jedan deo otpada na štamparske greške, međutim, drugi, znatno veći, svakako potiče od prevodioca. Da navedemo samo nekoliko primera: *bi* i *bih*, *š njime* i *šnjime*, *zanj* i *za nj*, *u sred*, ali *unj*, *mada* i *ma da*, *nješto* i *nešto*, itd. itd. Tomanović nije dosledan ni kad je reč o negaciji s glagolom, ponekad čak u istoj rečenici piše na dva načina: *ne zaboravi* i *nezacaklje* (!), onda: *nemogu, neznadijaše, nebiste* itd.

Nedosledan je Tomanović i u jednačenju suglasnika po zvučnosti, pa piše: *rijedko, obćina, izhod, robkinja, odkriva, uzhićenje, drkćući*, ali i *z brda, z dana* i sl. Međutim, četrnaest godina kasnije, u prijateljskoj polemici s Jovanom Pavlovićem, urednikom „Crnogorke", on već zastupa stanovište po kome valja pisati prema „eufoniji" svoga kraja.[37]

Da navedemo i ovo: glagolska vremena Tomanović ne prevodi uvek odgovarajućim vremenom u našem jeziku; upotrebljava (očito pod uticajem stranog jezika) predlog *sa* u instrumentalu i kad nije u pitanju socijativ (*udari sa rukom, gonjen sa mačevima, govori sa nižim glasom* itd.); služi se lokalističkim oblikom trećeg lica množine prezenta (*bježu, približu, uskoču* itd.); primenjuje, ponekad, konstrukcije kao: *izjavio sam se neutralan* i dr.

---
[37] Up. „Crnogorka", 1884, br. 37, 212–213; 213; br. 39, 231. („Ja mislim, da se pokojni Daničić dolje među nama koje doba bavio i uživao sladosti našega izgovora, da ga ćaše i on potpuno u knjizi usvojiti, ako ne radi došljednosti prema pravilu, već konačno usvojenom „kako izgovaraš tako piši", a ono š ljepote same ovoga izgovora" – kaže Tomanović.)

Ima u prevodu i dosta lokalizama: *bardak* (krčag), *ganač* (kandža), *brštan* (bršljan); provincijalizama: *ždraka* (sunca), *snebeljeno* (čelo), *hinkati*; poneki turcizam: *kalauzi*; dubrovački izraz *bo* (jer); iz narodne poezije oblik *jere* (jer) itd. itd. Danas nam neobično zvuči, naročito u određenom sklopu rečeničnom, i *ženskinje, učešćani, lje* i sl.

Pošto smo naveli sva ova razna obeležja Tomanovićeva prevoda Gveracijevog romana, mogli bismo zaključiti da prevodilac nije u potpunosti preneo formu dela kojoj autor, kako kaže jedan kritičar, „posvećuje mnogo pažnje kako u odnosu na stil i ritam, uvek veoma proučene rečenice, tako i u odnosu na bogat, znalački i često izveštačen jezik".[38] Preneo je, međutim, izvesnu krutost izraza i hladnoću koja iz originala izbija, nategnutost izvesnu, pa neke stvari koje zasmetaju pri čitanju Tomanovićeva prevoda zasmetaju i pri čitanju originala.

Veliki italijanski kritičari nisu povoljno ocenjivali književnu vrednost Gveracijevih dela. Kroče je, doduše posredno, čak izrekao ovakav sud: „Odista, kad *Risorđimento* ne bi imao drugog umetničkog izraza osim Gveracijevih romana, to *Risorđimento* ne bi ni bio..."[39] Slično mišljenje o umetničkoj vrednosti dela ovog plodnog romanopisca i velikog italijanskog rodoljuba zastupali su i drugi, pa ono traje i do dana današnjeg.[40]

Nama se, međutim, čini da romanu *L'assedio di Firenze*, „narodnoj epskoj poemi", kako ga je nazivao autor, danas mo-

---

[38] N. Sapegno, *Compendio di storia della letteratura italiana*, Firenca 1971, vol. III, 119.
[39] B. Croce, *La lettteratura della nuova Italia*, Bari 1914, vol. I, 44. „I nije bila umetnost, jer umetnost iziskuje iskreno osećanje, što je Gveraciju uvek bila slaba tačka... Da je ljubav prema domovini, mržnju prema kukavičluku i prema pokvarenosti duboko osećao, Gveraci bi to iskazao na istinski životan način, a ne mehanički: jednostrano, silovito, kruto". *Nav. delo*, 28.
[40] De Sanktis je, na primer, strogo ocenio roman *Beatriče Čenči* (*Saggi critici*, Bari 1969, vol. 1, 28–39). Ovakvo mišljenje se, manje-više, zadržalo i u novijim istorijama italijanske književnosti; zastupljeno je, uglavnom, i na simpozijumu *F. D. Guerrazzi nella storia politica e culturale del Risorgimento*, Livorno – Firenca 1973 (Zanimljiv je o tome članak D. Del Giudice, *Guerrazzi discusso a Firenze*, „Paese sera", 1973, 23. XI).

žemo pristupati prvenstveno kao svedočanstvu o određenom vremenu. I ako tako postupimo, mi umetničku vrednost dela ne možemo ocenjivati odvojeno od drugih njegovih vrednosti, odvojeno od istorijskog trenutka u kome je ono nastalo i u kome je delovalo. A u datom istorijskom trenutku Gveracijev roman bio je sredstvo borbe italijanskih rodoljuba i odgovarao je potrebama i ukusu *Risorđimenta*. Samim tim, opšta, višeznačna vrednost tog romantičarskog romana – i književna, i istorijska, i društvenopolitička – jedna je od bitnih čestica opšte vrednosti italijanskog Preporoda.[41]

Tako bi, po našem mišljenju, valjalo na isti način prići i oceni prevoda Lazara Tomanovića.[42] I za taj prevod se može reći da je jedno od svedočanstava svoga vremena: on nam ostaje kao dokumenat o borbi mladog srpskog naraštaja sedamdesetih godina prošloga veka. I ako poduhvat studenta Tomanovića, rad na prevodu i napore oko izdavanja prevedenog romana gledamo u okvirima tog vremena, ako imamo na umu celokupne uslove u kojima je Tomanović sve to radio – i one opšte i one posebne – mišljenja smo da je od mnogo većeg značaja činjenica da je Tomanović roman *preveo* i *kad* ga je preveo, nego *kako* ga je preveo. Bitno je da je taj prevod sam po sebi predstavljao izuzetan kulturni i društvenopolitički događaj svoga doba, a i do danas je ostao jedini prevod Gveracijeva romana na srpskohrvatski jezik.[43]

---

[41] Od 1836, kad je roman izišao i imao već četiri izdanja, njegova popularnost je stalno rasla, pa je 40. godine dosegla vrhunac. Od 1864. do 1868. bilo je 14 izdanja, a uz to je, valja znati, delo tajno kružilo. „Ko je imao sreće da kupi, i po vrlo visokoj ceni, jedan primerak, taj ga je čuvao kao svetinju. A oni, manje srećni ili manje bogati, pozajmljivali su knjigu od prijatelja ili brata i u noćnoj tišini je prepisivali", – priča Gveracijev biograf Rosaliono Guastala. V. G. Pirodda, *Giuseppe Mazzini e il romanticismo democratico* u *La letteratura italiana*, Bari 1975, vol. VII, t. secondo, 329, 334.

[42] Prevod se još danas čuva u Biblioteca Labronica u Livornu, ali je u katalogu zaveden kao ruski.

[43] U Italiji, u bibliografiji Gveracijevih dela, prevod je zabeležen samo kao *Altra traduzione in serbo, stampata a Pesth*, bez ma kakve oznake prevodioca. Up. P. Miniati, *F. D. Guerrazzi, Guide bibliographiche*, Rim 1927, 277.

PREVODI PETRARKE, FOSKOLA I LEOPARDIJA

Lazar Tomanović je iz italijanske poezije, a bavio se, iako znatno manje, i prevođenjem pesništva drugih naroda, preveo trinaest soneta Frančeska Petrarke, pet pesama Đakoma Leopardija, dve Luiđi Karera[1] i pesmu Dei Sepolcri Uga Foskola. Ma koliko se ti pesnici međusobno razlikovali, i po dobu kome su pripadali i po osnovnim odlikama svoje poezije i poetike, u svim njihovim pesmama koje je Tomanović preveo ima nešto što im je zajedničko i što ih u njegovu prevodu povezuje. U svima njima javlja se *motiv smrti*, i to ili kao problem opšteg, sveljudskog značaja ili kao konkretizovan problem duboko lične prirode. Iskazan je on i u stihovima tzv. grobne poezije, i u pesmama mrtvoj dragoj, i u onima gde smrt prekida tek započetu mladost.

Te pesme Tomanović je odabirao pobuđen ponekad potrebama datog trenutka (kao, na primer, *Dei Sepolcri*), najčešće vezujući se jednostavno za pesnike bliske njegovu romantičarskom osećanju poezije, ali uvek neizostavno za pesme u kojima preovladava upravo *motiv smrti*.

---

[1] Luigi Carrer (1801–1850), italijanski romantičarski pesnik, prozaik i dramski pisac, u svoje vreme istaknut književni kritičar, autor poznate Foskolove biografije. Tomanović je, 1844. u „Crnogorki", u dva broja uzastopce, objavio prevod dveju njegovih pesama iz odeljka *Odi amorosi* u zbirci *Poesie* Padova 183. Obema je glavni motiv – motiv mrtve drage(3 i 4). Up. V. Kilibarda, Prevodi u časopisu „Crnogorka" (1884–1885) u *Italijanska književnost u Crnoj Gori do 1918*, Nikšić 1992, 27–29.

PREVOD PETRARKINIH SONETA

Na trag Tomanovićevih prevoda Petrarkinih soneta naišli smo u zaostavštini u Lepetanima.[2] U biblioteci Lazara Tomanovića nalazi se, naime, i primerak njegove studije *Bokelji u ratu za oslobođenje grčko*, naročito povezan, u koži, s ukrasnim šarama i s dva zlatotiskom izvedena slova na korici. Nakon stranica sa štampanim tekstom studije postoji niz neštampanih listova, pa knjiga pomalo liči na devojačke spomenare. Pomenuta dva slova – PR – predstavljaju inicijale imena i devojačkog prezimena Tomanovićeve žene Petroslave Radulović. Na nekima od tih neštampanih stranica ispisano je Tomanovićevom rukom, na italijanskom jeziku, nekoliko pesama Alearda Aleardija, jednoga od istaknutih pesnika i u svoje vreme veoma popularnog borca za ujedinjenje Italije. A nakon tih pesama, opet Tomanovićevom rukom, zapisan je, sad na srpskohrvatskom, niz soneta pod zajedničkim naslovom *Soneti na grobu Laure*.

Tomanović pominje rad na ovim prevodima i u jednom pismu svom „dragom prijatelju".[3]

Koliko smo dosad mogli utvrditi, Tomanović je preveo trinaest Petrarkinih soneta, od kojih je dvanaest štampano, i to u sledećim listovima:

Godine 1881. u „Javoru" br. 15, s potpisom T., objavljeno je šest soneta pod zajedničkim naslovom *Iz tužnijeh soneta (Frančeska Petrarke)*. Od toga pet soneta je od onih rukom ispisanih na neštampanim stranicama uz studiju o Bokeljima;

---

[2] U bibliografiji radova L. Tomanovića, koju je pripremio Novak R. Miljanić, ne pominju se ovi prevodi („Boka", 1973, br. 5, 123–140), , M. Z. *Dopune Miljanićevoj bibliografiji radova dr L. A. Tomanovića*, „Boka", 1977, 9, 379–380.

[3] „... Kada sam Vas ovoliko zadržao i s Vama se ovako iskreno izrazgovarao, ne mogu Vi sakriti čim se zanimam. Sada popravljam prevod pjesme Foškolove *O grobovima*, pa ću onda *stanuti da popravljam njekoliko prevedenijeh Petrarkinijeh soneta*, od kojih šest ugleda svijeta u lanjskom *Javoru* slučajno a ne po mojoj volji..." (Kurziv M. Z.) Koncept pisma se, bez oznake adresata i datuma (pretpostavljamo da je pisano između 1881. i 1883), čuva u Tomanovićevoj zaostavštini.

Godine 1885. u „Stražilovu" br. 22 izlazi Tomanovićev prevod drugih šest soneta pod naslovom *Iz Petrarkinijeh soneta*, takođe potpisan samo slovom *T*.[4] Prva četiri soneta nalaze se i u pomenutom rukopisu.

Prevod soneta CCCXIV – „P" Mente mia, che presaga de' tuoi damni, postoji u zaostavštini, a koliko znamo, nije nigde objavljen:

CCCXIV

Dušo moja, zlo već predosjećajući,
   Još u sreći tužna i misaona, koja
   Onakvim staranjem tražeše pokoja
U milim očima za tvoj jad budući;

Po licu s kog sjaše milost tugujući,
   Po glasu, po ruhu, po znacim bez broja,
   Mogla si reć: evo primače se moja
rajska radost svrsi – š njom se praštajući.

Kakva slast bi ono, dušo moja, kada
   Gledah oči, koje više ja nikada
   Opeta vidjeti nijesam imao!

Kada na rastanku ja ostavih kao
   Najdražu stvar dvama mojim prijanima
   Moje misli mile i srdašce njima.

---

[4] U „Javoru" su objavljeni prevodi soneta CCLXVII – *Oimè il bel viso, oimè il soave sguardo*; CCLXXV – *Occhi miei oscurato è 'l nostro sole*; CCLXXVI – *Poi che la vista angelica, serena*; CCLXXXII – *Alma felice che sovente torni*; CCLXXXIII – *Discolorato ai, Morte, il piú bel volto* i CCLXXXIV – *Si breve è 'l tempo e 'l penser si veloce*, a u „Stražilovu": CCLXXIX – *Se lamentar augelli, o verdi fronde*; CCCX – *Zephiro torna, e 'l bel tempo rimena*; CCCXI – *Quel rosignuol, che si soave piagne*; CCCXXI – *E questo 'l nido in che la mia fenice*; CCCXXXIII – *Ite, rime dolenti, al duro sasso* I CCCXXXIV – *S' onesto amor pò meritar mercede*.

Svi soneti koje je Tomanović preveo ulaze u onaj deo Petrarkinog *Kanconijera* u kome pesnik izražava svoja osećanja nakon smrti madone Laure i koji je, mnogo godina pošto pesnik više nije bio u životu, izdvojen kao *In morte*.[5]

Svakome ko donekle poznaje život i delovanje Lazara Tomanovića može izgledati neobično što je on prevodio pesnika kakav je Petrarka. Naime, sudeći po svemu što je do nas došlo o Tomanovićevim životnim, političkim i književnim opredeljenjima i merilima, o tome kakva je dela prevodio i o kojim književnicima pisao, kakve je misli njihove navodio, mogli bismo zaključiti da je Tomanović bio od onih pregalaca kojima Petrarka i Petrarkino doba ne mogu biti osobito bliski, to jest od onih za koje „reč uvodi stvar i kao reč vredi samo po tome što stvar kazuje", nasuprot onima za koje „stvar ne vredi toliko po samoj sebi koliko po tome kako je kazana".[6]

Tomanoviću, ophrvanom bolom nakon smrti svoje mlade žene,[7] očito je odgovaralo da sopstvene patnje poistovećuje s lirskim iskazima bola koje je Petrarka posvetio mrtvoj dragoj. Teška nesreća i svest o nenaknadivom gubitku najverovatnije su u njemu pobudili interesovanje za Petrarkinu poeziju i uticali na njegov izbor pri prevođenju. Jer između tolikih pesama Petrarkinog *Kanconijera*, tako bogatog raznovrsnim motivima, Tomanović nije odabrao ni rodoljubive ni političke stihove, za koje bi se unapred moglo pretpostaviti da mu, kao i pobornicima *Risorđimenta*, moraju biti bliski; on nije preveo ni one

---

[5] F. Filelfo (1398–1481) podelio je *Kanconijer* u tri dela: *Rime in vita, Rime in morte* i *Rime d'argomento vario*; Đezualdo A. godine 1540. deli *Kanconijer* u dva dela: *In vita* i *In morte*. *Storia della critica, Petrarca*, priredio B.T. Sozzi, Palermo 1963, 29-31.

[6] L. Pirandello, *Giovanni Verga* u *Studi critici su G. Verga*, Rim 1934, 27–28, prema N. Stipčević, *Italijanske i druge teme*, Beograd 1976, 56.

[7] Tomanovićeva žena Petroslava umrla je u 23. godini života od sepse, za vreme drugog porođaja. Po svedočenju kćeri Rosande, njen otac bio je toliko pogođen tom nesrećom, da je zamalo pomerio pameću, čak je postao i veoma religiozan. U pomenutom pismu (fusnota 3) sam kaže: „... premda zanesen tugom mojom pregolemom, samo s njom i s mojom ludom siročadi živim...". Petroslava Tomanović bila je i sama poznavalac italijanskog. Prevela je pedagošku knjigu *Ovako ćeš tvoju kćerku vaspitati. Pisma Elvire Zinjanji* (objavljeno posle njene smrti u Novom Sadu, 1881).

ironične stihove o Avinjonu, pa ni one religiozne. Odabrao je za prevod upravo sonete kojima su zajednička dva motiva: motiv ljubavi i motiv smrti. S njima se prirodno povezuju ili prepliću i drugi, srodni im motivi: prolaznost života, ljudska patnja i slično.

Nije bez značaja što u nizu prevedenih soneta na prvom mestu stoji upravo sonet povodom smrti madone Laure (napisan nakon kobne vesti koja je Petrarku zatekla u Parmi, 6. aprila 1348)

> Oimè il bel viso, oimè il soave sguardo,

sonet s istim osnovnim obeležjima kao i ostali iz Tomanovićeva prevoda, ali i s osobito izraženim vapajem tužbalice.

Tomanović je u toku rada znatno menjao svoje prevode Petrarkinih soneta. I ne samo što ima ispravaka u rukopisu (na pojedinim mestima su delovi stiha prevedeni u dvema varijantama), nego postoje i razlike između teksta u rukopisu i teksta štampanog u „Javoru", odnosno „Stražilovu". Zadržaćemo se samo na važnijima, ili upadljivijim izmenama koje, međutim, nisu uvek bile i popravke. Nećemo ulaziti u one sitnije, interpunkcijske, leksičke i sl.

U *sonetu CCLXVII* Petrarkin uzvik *oimè* Tomanović prevodi u rukopisu sa *jaoh*, a u štampanoj verziji sa *jao*. Za ovaj drugi oblik Tomanović se odlučio verovatno radi dvanaesterca (uzimajući *jao* kao jedan slog).

Početni stih prvog terceta ovog soneta: *Per voi conven ch'io arda, e 'n voi respire* preveden je u rukopisu: *Za vama se zgaram i živim u vama*, a u štampanom tekstu: *Ja za vama vehnem i živim još s vama*. Ta druga varijanta, ako izuzmemo arhaičan, provincijalni oblik *vehnem*, izgleda nam bolja od rukopisne.

U *sonetu CCLXXV* Tomanović u rukopisnoj verziji zadržava Petrarkin oblik množine *occhi miei, orecchie mie*, dok u štampanoj stoji *oko moje, uho moje*. Biće da je prva verzija pogodnija, i to ne samo zato što Tomanović ne odstupa od pesnikovog oblika množine, već i zato što nam je ta množina, u našoj narodnoj poeziji toliko ponavljana (oči moje, da bi ne gledale!), bliža, što deluje prirodno i jednostavno, kako tragični tekst i iziskuje.

U *sonetu CCLXXVI* poslednji stih drugog katrena *contra i fastidi* (onde la vita ež piena) u rukopisu glasi: *protiv sviju zala* (što truju življenje), a u objavljenom tekstu: *protiv opačina* (što truju življenje).

U *CCLXXIX sonetu* Tomanović je stihove *Deh, perchè inanzi 'l tempo ti consume? / – mi dice con pietate – a che pur versi / degli occhi tristi un doloroso fiume?* prvi put preveo: *Ah, zašto ubijaš sebe u to doba / Milostivo zbori: što suza rijeke / Lijevaš – ded oči tužne si otari*, a u štampanom tekstu: *Ah, ne velim tako prije tvoga doba, / Ljupko mi govori: što liješ rijeke / Suza? Neka ti već tamne oči sinu.* U oba slučaja on je, kao što se vidi, dodao originalu čitavu jednu rečenicu.

U *sonetu CCCX* poslednji stih drugog terceta *sono un deserto, et fere aspre et selvagge*, u rukopisu je potpuno slobodno preveden: *Pustinja su, kud me divlje zvjeri tuče*, a u štampanom tekstu: *Negdašnje miline sv'jet mi već ne rese.*

Prevodeći Petrarkine stihove, Tomanović je uvek zadržavao njihov oblik soneta. Ali je zato u strukturi stiha odstupao od originala: kao i mnogim drugim prevodiocima njegova i kasnijeg vremena, njemu je očito bio stran jampski jedanaesterac. Mada je tragova tog jedanaesterca bilo i u našoj narodnoj poeziji, mada su se njime koristili i dubrovački pesnici Džore Držić i Šiško Menčetić[8], a pisali su njime i neki veliki pesnici – njegovi savremenici, L. Tomanović se radije odlučuje za trohejski dvanaesterac, čime umnogome menja ritam Petrarkinog soneta.

Ni u načinu rimovanja Tomanović se ne pridržava dosledno originala (da pomenemo uzgred: u prepevima Petrarkinih soneta pesnik S. Raičković, na primer, potpuno poštuje Petrarkinu šemu rimovanja)[9]. Dok je u sonetima CCLXVII, CCLXXV, CCLXXIV i CCCXXI slik Tomanovićeva prevoda istovetan sliku originala (ABBA ABBA CDE CDE; ABBA ABBA CDC DCD; ABBA ABBA CDC DCD; ABBA ABBA

---

[8] Up. Ž. Ružić, *Srpski jamb i narodna metrika*, Beograd 1975, 226–229.

[9] *Deset ljubavnih soneta Frančeska Petrarke*, Beograd 1974.

CDE CDE), u CCLXXVI, CCLXXXII i CCLXXXIII, CCCXXXIV katreni ostaju isti, a u tercetima Tomanović odstupa od Petrarkine šeme, da bi u sonetima CCLXXIX, CCCX, CCCXI i CCCXIV posve napustio Petrarkin način rimovanja.

Uopšte gledano, odlike i mane Tomanovićeva sroka u ovom prevodu odlike su i mane većine njemu savremenih prevodilaca poezije, pa i samih pesnika. Svega nekoliko godina nakon rada na prevodu Petrarkinih soneta, sam Tomanović zamera tadanjim srpskim pesnicima, pa čak i Zmaju i Iliću, što im „slikovi nijesu pravilni, jer nemaju isti naglasak"[10], ali u ovom njegovom prevodu težište rime takođe nije na naglašenom slogu, pa dobijamo ovakve srokove: *bolio – raznio; ponositi – ukrotiti; lišeni – božanstveni*. Kao jedan od izrazitijih nedostataka Tomanovićevih srokova, mogli bismo, dalje, navesti i ograničen broj reči koje se rimuju. I ne samo što im je broj ograničen, već one nisu nimalo nove, mahom su već prošle kroz svu našu romantičarsku poeziju. Na primer: *bolje – volje, ovđeka – meka, moje – tvoje, ruci – muci*.

Međutim, pri razmatranju rimovanja u Tomanovićevu prevodu Petrarkinih soneta, ne treba zaboraviti da u samog Petrarke srokovi ne iznenađuju, da on za rime ne bira osobite reči i ne trudi se da mu srok bude neobičan. Istovremeno, upravo tim, leksički vrlo običnim odbirom, rečima posve jednostavnim, uspevao je da ostvari neverovatne efekte. Stoga njegov izraz i jeste „... ostao ujedno i trajan izvor oponašanja i nedosegnut vrhunac artizma u funkciji prave umetnosti".[11] Taj posebno jednostavan izraz stvarao je teškoće svim Petrarkinim prevodiocima, pa i našem Tomanoviću, kome nije uspelo da svojim srokovima da Petrarki svojstven jedinstveni sklad, ni njegove izuzetne zvučne efekte, ni njegovu harmoniju ritma („ujednačeni i smireni sklad")[12].

Kao i u drugim rimovanim prevodima, Tomanović i u ovom slučaju često upotrebljava glagolske rime, pa još u istom obliku, što može delovati kao banalizovanje sroka. Zatim,

---
[10] L. Tomanović, *O rimi iliti sliku*, „Stražilovo", 1887, 35, 550–553.
[11] F. Čale, *Petrarca i petrarkizam*, Zagreb 1971, 107.
[12] G. Petronio, *L' Attività letteraria in Italia*, Milano 1975, 140.

samo da bi postigao rimu, ponekad će da se posluži i nepodesnom *licencia poetica*, na primer: *vrijedu*. Na nekolika mesta srokovi – na silu rimovane reči – i dopunjuju smisao originala, pa se u prevodu javlja proizvoljnost:

> Sol un riposo trovo in molti affanni,
> che, quando torni, te conosco e 'ntendo
> a l' andar, al volto, a' panni

> Samo jedan lijek nalaze mi *bolje*
> Što te poznam, kad se povratiš: haljina,
> Hod, glas isti, lice isto, eto iste *volje*.

Dok u ovih trinaest soneta koje je Tomanović odabrao *rima equivoca* – „dragoceno izražajno sredstvo"[13] Petrarkinog poetskog jezika – postoji na sedam mesta, u prevodu je nigde nema. Šta više, Tomanović ne poseže ni za kakvim zvučnim efektom, kako bi bar označio ta mesta. Ali zato, očito poveden Petrarkinim uzorom, sam dvaput upotrebljava ovu vrstu rime. U prvom slučaju to izgleda ovako: „Uho moje riječ anđelska joj *milo* / đe je ono dobro te vas je *mamilo*", a u drugom: „Sad te, k'o što vidiš, plačem, ili *bolje* / Samo jedan lijek nalaze mi *bolje*".

Nadalje, u prevodu Petrarkinih soneta nema nijedne muške rime, već se nižu gotovo isključivo ženske i tek pokatkad daktilska rima. Na primer: *uzdasi – ukrasi*; *pogledu – pobjedu*; *cviljenje – življenje*.

Najzad, i nažalost, Tomanović se u prevodu uopšte, pa i ovde, služi mnogim lokalizmima i često upotrebljava arhaične reči i oblike kao: *ovdjeka, vrćeš, lje, jaoh, sijnu* itd. a da i ne pominjemo kako, prevodeći Petrarkin stih konstrukcijom iz naše narodne poezije, odstupa od semantičke vrednosti Petrarkinih soneta.

Međutim, osnovne Petrarkine stilske osobenosti u Tomanovićevu prevodu su, uopšte uzev, u većini slučajeva sačuvane. Tomanović je sačuvao pesnikove antiteze, ponavljanja, nabra-

---
[13] V. Galdi, *Introduzione alla stilistica italiana*, Bolonja 1971, 273––274

janja (doduše, polisindet ne zadržava već ga najčešće svodi na asindet); vodi računa o igri reči i aliteracijama. Ipak, to što je u Petrarke suštinsko, u Tomanovića, mora se reći, nije očuvano. U pitanju je ona mnogoznačnost, onaj višestruki smisao stilskih komponenata koje u Petrarke nisu samo ukras i kad ukras jesu. Tako Tomanović, uslovno rečeno, iznevarava Petrarku u dvema ravnima: prvo, iako, doduše, prenosi glavne odlike pesničkog jezika koje su, kao što znamo, u Petrarke dovedene do savršenstva, pošto, naravno, nije majstor kao Petrarka, ne prenosi ih osobito vešto; drugo, trudi se da u prevodu primenjuje razne veštine, ali njima ne može iskazati duboki smisao Petrarkine poezije,[14] pa tako zapravo iznevarava suštinu njenu.

PREVOD FOSKOLOVIH *DEI SEPOLCRI* I POVODOM NJEGA

Pišući o Foskolu u Srba i Hrvata, Josip Jernej primećuje da je malo dela svetske književnosti koja su toliko puta prevođena na srpskohrvatski kao što je slučaj s Foskolovim *Dei Sepolcri*. Isto je tako, veli on, malo jezika koji se kao naš mogu pohvaliti tolikim prevodima ovoga dela.[15]

Ovakvu popularnost *Dei Sepolcri* u nas Jernej tumači pre svega izuzetnom vrednošću samoga dela, potom životom i sudbinom pesnika; a neki prevodioci, naročito oni iz Dalmacije, razlog ovolikoj popularnosti vide i u nekolikim godinama koje je Foskolo proveo u Splitu (što će biti i povod da ga nazivaju našim). Nama se, pak, čini da je osnovni razlog u pesnikovom značaju po *Risorđimento*, koji je bio od velikog uti-

---

[14] „... ne samo najuspelija i najvernija melodička podudarnost asonanci i konsonanci, već i živa i blistava, akcentualna i slogovno-sintaksička usklađenost unutar poetskog jezika i u okviru datih stihova lirskog izraza, doprinose da se postigne ova ravnoteža, statička i dinamička u isto vreme, stilski omogućuju da se ostvari izuzetni Petrarkin metar koji tako postaje, gotovo u svim slučajevima, obrazac lirskog savršenstva". A. Ruschioni, *Morfologia e antologia del sonetto*, Milano 1974, 226.

[15] J. Jernej, *Foscolo presso i Croati e i Serbi*, Studia Romanica Zagrabiensia, 1957, 4, 3–17. Petrarkini stihovi citirani prema izdanju Giulio Einaudi, Torino 1968 (priredio G. Contini).

caja na naše političke i kulturne prilike sedamdesetih i osamdesetih godina prošloga veka, kad je i objavljen najveći broj prevoda *Dei Sepolcri*.

Četvrti prevod,[16] kao što znamo, bio je iz pera Lazara Tomanovića, a objavljen je u novosadskom „Javoru", 4. decembra 1883, pod naslovom *O grobovima*.

Koliko smo mogli da utvrdimo, Tomanović prvi put o svom radu na ovom prevodu govori u pismu sinjoru Papi (P. Papa je verovatno jedan od pregalaca na polju zbližavanja kultura dvaju susednih naroda). Bilo je to u danima kad srpska i hrvatska inteligencija nastoji da u narodu očuva uspomenu na „svetle grobove", kad se ono "počelo u nas raditi oko podizanja spomenika našijem besmrtnijem pjesnicima *Gunduliću i Branku*".[17] U tom pismu, po kome se može zaključiti da se P. Papa raspitivao o prevođenju Foskolovog dela na srpskohrvatski, Tomanović pominje i svoje lično raspoloženje: „... e poscia tradussi i Sepolcri immergendomi sempre piuž nella disperazione ed in questa cercando di illudermi".[18]

Tomanović 25. februara 1883. godine nudi svoj prevod uredniku „Letopisa Matice srpske". Međutim, iako je poema takva da je „sama pesnika proslavila", iako bi prevod „agitirao i za Tekelin spomenik, i za prenos Brankovijeh kosti, i za mnogi zapušteni grob u srpstvu", – „Letopis" je Tomanoviću, iz nama nepoznatih razloga, rukopis prevoda vratio.[19]

Godinu dana po objavljivanju, 1884, u broju 22. dubrovačkog „Slovinca", pojavljuje se kritički osvrt *Srpsko-hrvatski*

---

[16] Prema J. Jerneju, pre L. Tomanovića *Dei Sepolcri* preveli su: Ivan Trnski, 1869 („Vienac"), Vladislav Bežić, 1870 („Vienac"), Stjepan Buzolić, 1879 („Slovinac").

[17] „Slovinac", 1884, 24, 374.

[18] „ ... i onda sam preveo *Grobove*, sve više se prepuštajući očajanju i tražeći u tome utjehu". Pismo se čuva u Tomanovićevoj zaostavštini. Svoj rad na prevodu *Dei Sepolcri* Tomanović pominje i u pismu-konceptu, čiji adresat nije utvrđen, a koje se takođe čuva u zaostavštini. Pismo počinje rečima „Moj dragi Prijatelju".

[19] Na Tomanovićevu pismu „Letopisu MS" (Savi Petroviću), koje se čuva u ROMS i koje je poslato uz prevod „pjesme Uga Foškola", dopisano je na poslednjoj stranici: „Vraćena pesma 'O grobovima' g. Dru Lazi Tomanoviću 12. (24.) VII 1883 SP."

prevodi Foskolove pjesme „O grobovima", u kome saradnik lista F(rano) R(adić)[20] iznosi opaske na prevod S. Buzolića (katoličkog sveštenika, publiciste i "poeta di occasione")[21] i prevod d-ra Lazara Tomanovića. Dok Buzolić odgovara kritičaru samo u 25. broju Slovinca",[22] Tomanović odmah ulazi u živu i žučnu polemiku koja se na stranicama tog lista vodi u više brojeva: u broju 24. štampan je odgovor Tomanovićev pod naslovom *Pred optužbom veleizdaje*, u broju 27. članak F. R. *Zbog dostojanstva umjetnosti*, zatim u broju 30. članak L. Tomanovića *Radi sporazumljenja*, pa u broju 33. odgovor F. R. *Da zaglavimo*, nakon čega Tomanović ipak objavljuje *svoju* zaključnu reč (već štampanu petitom) *Završna*, gde na kraju kaže: „Svakom svoje!"

O prevodima Foskola na naš jezik Frane Radić je saznao posredno – iz „prelijepe kritične studije" prof. F. Trevisana,[23] uz koju je autor objavio i kratku belešku i podatke o prevodima Foskolova dela na strane jezike. Prema tim podacima, dotad su *Dei Sepolcri* bili prevedeni: sedam puta na latinski jezik, četiri puta na nemački, po jedanput na francuski, grčki, španski, portugalski, jermenski i dvaput na srpskohrvatski.

Sastavljača ove „prelijepe studije" obavestio je pomenuti P. Papa da, pored jedne ranije verzije prevoda, postoji i još neobjavljen prevod dr Lazara Tomanovića „iz Castelnuovo".

U uvodu svoga članka Frane Radić kaže da je bio nestrpljiv da pročita „naške" prevode, ali mu potom „utisak... ne bješe od najpovoljnijih". To ga je verovatno i navelo da, ističući svoju dobru nameru i zamolivši prevodioce da njegove

---

[20] J. Jernej u pomenutoj studiji iznosi mišljenje N. Ivanišina da se pod inicijalima F. R. krije Marko Car. (*Nav. delo*, 14) Mi, međutim, smatramo da bi to mogao biti Frano Radić, što uostalom stoji i u Bibliografiji Jugoslav. leksikografskog zavoda.

[21] O *grobovih* Ipolitu Pindementu (polag Uga Foskola Stjepan Buzolić), „Slovinac", 1879, br. 8, 113–116.

[22] S. Buzolić, *Dvije-tri na primjedbe gospodina F. R. o mojem prevodu Foskolove pjesme O Grobovima*, „Slovinac", 1884, 25, 397–398.

[23] „... nakladom H. F. Münstera u Veroni ... knjiga je debela, 244 stranice..." F. R. *Srpsko-hrvatski prevodi Foskolove pjesme 'O grobovima'*, „Slovinac", 1884, 22, 342.

„iskrene riječi nikako za zlo ne prime", kritički, opširno – na tri i po stranice lista – razmotri oba prevoda.

Osnovne Radićeve zamerke prevodima (iako nas ovde prvenstveno zanimaju one vezane za rad L. Tomanovića, moraćemo se uzgredno dotaći i kritike Buzolićeva prevoda) odnose se 1) na samovoljno izostavljanje određenog broja stihova i 2) na netačna tumačenja, odnosno neshvatanje pojedinih mesta iz Foskolova dela.

Činjenicu što su „jedan i drugi pako izostavili... samovoljno čitave nize stihova, kako im je to zgodnije ispadalo", Radić ogorčeno ocenjuje kao „pravo zločinstvo veleizdaje prema velikom auktoru *Grobova*". A što se tiče „vjernosti tumačenja" originalnih stihova, „tu su se obojica tako krupno ogriješila o talijansko remek-djelo, da ih... nije nikako moguće opravdati".

Pre nošto će preći na analizu grešaka i propusta u jednom i drugom prevodu, saradnik „Slovinca" upoređuje prevode i daje ocenu njihove vrednosti, pa izričito veli da mu se čini „prevod g. Buzolića bolji od onoga g. Tomanovića u toliko, u koliko je prvi znao da vještije savlada umjetnički oblik i sačuva donekle bolje klasični duh originala".[24]

U svom jedinom odgovoru kritičaru Buzolić objašnjava „mane" svoga prevoda italijanskom zbirkom iz koje je još u mladosti „na izust" naučio ovaj Foskolov „pjesmotvor", ali čije izdanje ne može navesti, jer je vreme „poharalo" „pročelni list".[25]

Tomanović, pak, ne samo što nalazi objašnjenja za izostavljanje originalnih stihova u svom prevodu (čega je, doduše, manje nego u Buzolićevom) „u sve dvadeset stihova"[26], već tim povodom razvija i svoj načelni stav: on stihove nije izostavljao kako mu je „to zgodnije ispadalo", niti ih je krojio i prekrajao „po vlastitom ćejifu",[27] već je to činio namerno, u ovom slučaju zato da bi Foskolovo delo bilo čitaocu što pris-

---

[24] Isto.
[25] „Slovinac", 1884, 25, 397.
[26] L. Tomanović, *Pred optužbom veleizdaje*, „Slovinac", 1884, 27, 374.
[27] F. R. *Zbog dostojanstva umjetnosti*, „Slovinac", 1884, 27, 418.

tupačnije i prihvatljivije. I o tome izričito veli: „... odlučio sam se da iz pjesme izostavim sve ono što se može izostaviti bez uštrba njene snage i svrhe, njene ljepote i klasičnosti, a što me može mojoj svrsi približiti".

U istom smislu Tomanović tumači i svoje izostavljanje stihova o Pariniju, o engleskoj istoriji, engleskim običajima i onima u Italiji, koji našoj sredini nisu poznati. Iz istih razloga je, kaže, na svoj način protumačio i mitološki opis Petrarke, a sve zato da bi srpskom čitaocu olakšao čitanje – „*na koristi same Foskolove pjesme u srpskom narodu*".

Što se polemika između Radića i Tomanovića više odvijala, to se više objašnjenja nizalo, ponavljaju se uzajamni napadi, zaoštravaju stavovi. Tomanović ne odstupa od postavke da one stvari koje otežavaju čitanje i razumevanje, pod uslovom da se to dobro uradi, valja izostavljati, pošto se "osobito lirske pjesme", ne mogu čitati s priručnicima – „s potrebitijem knjigama". Da bi dokazao kako ovakvim svojim postupkom pesniku nije naneo nikakve štete, on navodi autorove neprevedene stihove i „ostavlja(m) poštovateljima Foškolijevim da presude". A izostavljanja je, kaže za samoga sebe, tako vešto izveo da se to i ne oseća: „„... ko bi rekao, da sam ih iz sredine ovijeh stihova izostavio".[28]

Pored osnovnog problema o dopustivosti ili nedopustivosti izostavljanja izvornih stihova, Radić upućuje Tomanoviću još nekolike zamerke. Tu dolazi izbacivanje atributa (*slatki* prijatelju, *lijepa* muza), potom, po Radićevu mišljenju netačan, prevod izraza *per me*:

> Ove più il sole
> *per me* alla terra non fecondi questa
> Bella d'erba famiglia...

koji Tomanović prevodi *rad mene*, dok Radić smatra da bi trebalo *za mene*.

Radić dalje zamera Tomanoviću da nije shvatio stihove o uškopljenim pevačima. Objašnjavajući kako je do omaške došlo, Tomanović primedbu uglavnom usvaja: „„... dakle može

---
[28] L. Tomanović, *Pred optužbom veleizdaje*, „Slovinac", 1884, 24, 374–375.

stati i jedno i drugo, pošto je bilo u Milanu i uškopljenijeh pjevača i mlitavijeh pjesnika".[29] Potom, Tomanovićevu prevodu *men duro – tanji* (san) F. Radić suprotstavlja Buzolićevo rešenje: *manje težak*, što Tomanović, naravno, odbija.

Od načelnog pitanja da li je prevodiocu dopušteno da sakati autorovo delo i samovoljno izostavlja pojedina mesta, F. Radić prelazi na raspravu o tome zna li jedan Srbin za Parinija i engleske običaje. Od tvrdnje da prevodilac ne može i ne sme prilagođavati pesnika „manjoj ili većoj inteligenciji publike", kako to, po njegovu mišljenju, čini Tomanović, Radić prelazi na upoređivanje svakome Srbinu pristupačnih istina (o Elektri, Kasandri, Troji) s poznavanjem Parinija i sl.

Kroz čitavu polemiku, međutim, jasno se, nekad posredno a nekad neposredno, izdvajaju dva različita shvatanja uloge književnosti. Dok Tomanović zastupa mišljenje da je, samo ako to služi čitaocu, dopušteno skraćivati i originalno delo, prilagođavati ga potrebama srpskog naroda, dotle Radić ne može da pojmi „umjetnost" drugačije „nego umjetnosti radi", njemu „izgleda uprav, sablažnjiva ta didaktičko-utilitarna umjetnost, koja silazi na pazar da se tu na razmjerke svemogućem puku prodaje"![30]

Tomanović zadržava originalnu podelu na osam strofa, mestimično skraćuje original – izostavlja delove stiha ili, ponekad, i čitave stihove redom, a ni u jednom slučaju to ne označava (Buzolić čini isto). Međutim, i pored izostavljanja, u Tomanovićevu prevodu pesma ima više stihova nego u originalu: dok je u originalu 295 stihova, u Tomanovića je 310!

Kao što je poznato, Foskolo je svoje delo pisao u nerimovanom jedanaestercu, koji pruža posebne ritmičke mogućnosti. A u prevodu na naš jezik, izuzev I. Trnskog, svi dotadanji prevodioci,[31] pa tako i Tomanović, jampski jedanaesterac pretvaraju u naš deseterac, što uslovljava i izmenu u ritmičkoj strukturi pesme. U Tomanovićevu prevodu, deseterac umnogome podseća na deseterac naše narodne poezije, a

---
[29] L. Tomanović, *Radi sporazumljenja*, „Slovinac", 1884, 30, 468.
[30] F. R. *Zbog dostojanstva umjetnosti*, „Slovinac", 1884, 27, 418.
[31] „Vienac", 1869, 1.

njegova ritmika i intonacija ne samo da ne odgovaraju već su u suprotnosti s ritmikom i intonacijom *Dei Sepolcri*.

> Pur nuova legge impone oggi i sepolcri
> Fuor de' guardi pietosi, e il nome a' morti
> Contende. E senza tomba giace il tuo
> Secerdote, o Talia, che a te cantando
> Nel suo povero tetto educo un lauro
> Con lungo amore, e t' appendea corone;
> E tu gli ornavi del tuo riso i canti.[32]

> Ipak danas novi zakon hoće
> Da oduzme grobove suznijem
> Pogledima a mrtvijem ime.
> I bez groba tvoj sveštenik leži,
> O Talijo, koji ti je pjesmom
> Pod svojijem ubogijem krovom
> Uzgojio očinskom ljubavi
> Lovoriku pa ti v'jence vio.

Svođenje Foskolovog jedanaesterca, koji sav ritmom i tonom daje duboku ljudsku tragiku, na naš deseterac, pored ostalog ograničava i sputava poetska sredstva, otežava prevođenje stiha stihom. Ipak, valja pomenuti da se, za razliku od Buzolića, čiji deseterac izbegavanjem opkoračenja postaje ritmički još nedinamičniji, monoton i „guslarski", Tomanović svojim desetercem, upravo zbog česte upotrebe opkoračenja, donekle približava originalu, a svi ti nedostaci, koje danas zapažamo u oba prevoda, proističu, pored pomanjkanja odgovarajućeg poetskog dara, nužnog za prevođenje dela kao što je Foskolovo, i iz „pokušaja ponarodnjavanja i lokalizovanja",[33] što se može pripisati manje-više svim prevodiocima toga vremena. U tom svetlu, na primer, možemo shvatiti i Buzolićevo romantičarsko ponarodnjavanje pojmova i purističke neologizme (*vila, ljepotica vila* za muzu, *veselica vila* za Taliju, *rajska mirođija* za ambroziju i sl.), čega u Tomanovićevom prevodu nema. A u Tomanovića dosta je grubih reči i provincijalnih oblika, koji bi u pripovedačkoj prozi možda mogli da budu i

---

[32] Citirano prema Fratelli Fabbri Editori, Milano, 1973.

dopustivi, ali koji su u poeziji, još ovakvoj, tragičnoj, neodrživi. Buzolić tako prevodi *le reliquie* – *ostanci*, upotrebljava (u načelu nespojivo), izraz *živine krasne*, *ženka* (za ženu) itd., razbija atmosferu zagrobne tuge i celokupan tragičan smisao pesme. A Tomanović, opet, u ovoj poeziji, koja sadrži i izvesnu filozofsku potku, dopušta i ovakve primere: „Čuj kroz dragje po gomili *kučku*", (cvijeća) „mirisnoga pepeo mu ćeši / prijateljski blagijem *šjenama*", *čečje* (čovječe) *oko* itd. Sadržina *Grobova* iziskuje jednostavan, čist izraz, oslobođen svega što bi moglo da vulgarizuje smisao, što u čitaoca izaziva otpor i otuđuje ga od suštine koju je pesnik dao.

Na kraju, iako je Buzolić u svoje vreme uživao glas dobrog prevodioca, mi se ne bismo mogli složiti s mišljenjem kritičara „Slovinca" da je Buzolićev prevod bolji od Tomanovićeva (kome se, kao što smo videli, takođe može štošta zameriti, čak i pogrešna upotreba padeža). Ostaje, međutim, činjenica da su i u Buzolićevu prepevu i u Tomanovićevu prevodu od originalne lepote izgubile i složena struktura Foskolove pesme, i njena izražajna snaga, i osobenost njene zvukovne organizacije. Samim tim, ono spajanje „... između stila razgovornog i stila govorničkog, između stila lirskog i stila dramskog i epskog", i „sve brža jačina ritma ... bogatstvo i raznolikost jezika (čas neusiljenog, čas surovo realističkog, a čas probrano otmenog...")[34] nažalost nije očuvano ni u jednom od ta dva prevoda.

PREVOD STIHOVA Đ. LEOPARDIJA

Godine 1884. objavljen je u „Crnogorki" Tomanovićev prevod odlomka iz *Le Ricordanze*, od 136. stiha nadalje („*O Nerina! e di te ...*"), a nešto kasnije, u tom istom listu, i prevod kancone *La quiete dopo la tempesta*,[35] dok se prevod ostalih Leopardijevih pesama (*A Silvia, Il tramonto della luna, Canto*

---

[33] J. Jernej, *nav. delo*, 9.

[34] L. Caretti *Ugo Foscolo* u *Storia della Letteratura Italiana*, vol. VII, Milano 1970, 173.

[35] T(omanović), *Uspomena* (*Odlomak iz Leoparda*), br. 17, 137; *Tišina po oluji*, br. 29, 146.

notturno di un pastore errante dell' Asia i ponovo, veoma izmenjen, *La quiete dopo la tempesta*) pojavljuje nakon četiri godine u novosadskom „Stražilovu".[36]

Prema podacima Mladena Makijeda *Ancora sulla fortuna di Giacomo Leopardi in Iugoslavia*,[37] koji se prvenstveno oslanja na Bibliografiju Jugoslavenskog leksikografskog zavoda i potom na studiju Đovanija Mavera,[38] Tomanović se ovim prevodima uvrstio među prve prevodioce Leopardija u nas[39] (on je, doduše delimično samo, i prvi preveo na naš jezik *Le Ricordanze*). A „... lik i delo velikog pesnika iz Rekanatija budili su u nas živo interesovanje sve do naših dana".[40]

Uz prevod pesme *Silviji* Tomanović navodi ko je sve pre njega na srpski preveo Leopardijeve pesme i objašnjava šta je njega navelo na ovaj izbor: pesme *Italiji* i *Žukva* („prevedene su obje izvrsno") predstavljaju „dvije od najljepših pjesama Leopardijevih", ali iz pesama koje su u nas prevedene „ne diše onaj pesimizam u svoj njegovoj sili, koji nesrećnoga pjesnika proslavi. Za to sam još ove njegove pjesme preveo, jer mi se čini da je u njima pjesnikovo osjećanje vrhunac svoj postiglo".[41]

---

[36] *Nekoliko Leopardijevih pjesama*, br. 32, 502–504.

[37] Studia Romanica et Anglica Zagrabiensia, 1962, n. 13-14, 123–139.

[38] G. Maver, *Leopardi presso i Croati e i Serbi*, „Rivista di letterature slave", 1929, IV, n. 2, 100–163. – Zanimljivo je da je Maver tek u R. S. studije, na osnovu podatka dobijenog od prof. Kolendića, pretpostavio da se iza T. krije L. Tomanović, dok je u tekstu studije, oslanjajući se na M. Rešetara, smatrao da je to S. Trojanović.

[39] Pre Tomanovića preveli su (prema navedenim izvorima): *La quiete dopo la tempesta* S. Buzolić. („Glasonoša", 1864, 19); *A Silvia* S. Buzolić („Zviezda", 1863, 13, 49); I. Ostojić (I. K. u „Hrvatskoj vili" 1883–84, 11, 168); N. P. Č. („Slovinac", 1884, 16, 251); *Canto notturno* S. Buzolić („Vienac", 1870, 25, 392–395); *Il tramonto della luna* M. Pucić (O. Počić, „Danica Ilirska", 1849, 17, 89).

[40] M. Makijedo, *nav. delo*,123.

[41] „Stražilovo", 1888, 32, 502. Kao što se iz ove napomene vidi, Tomanović nije znao za sve prevode. On navodi Stjepana Buzolića i njegovu zbirku pesama *Bog, rod i sviet*, Zadar 1871; Filipa Kovačevića, koji je u „Slovincu" štampao pesmu *Italiji* i N. Crnogorčevića, koji je u „Stražilovu" objavio pesmu *Žukva*.

Za razliku od prvih Leopardijevih kancona, kao što su, npr., *All' Italia, Sopra il monumento di Dante*, koje karakteriše „... prisustvo određenog broja nerimovanih stihova, umetnutih u tradicionalne šeme",[42], četiri pesme (kao i ove, u sedmercu i jedanaestercu) koje je preveo Tomanović predstavljaju tzv. slobodne kancone:[43] njihove strofe razlikuju se međusobno i po broju i po rasporedu rimovanih i nerimovanih stihova, pa Leopardi ovakvim pesmama „ autoritetom svoga primera uvodi u upotrebu kanconu lišenu svih pravila".[44] Međutim, u nepravilnosti njegovih kancona pokatkad postoje neke zakonitosti koje njima upravljaju. Tako, na primer, u *Noćnoj pesmi* svaka strofa se završava na *–ale*.[45] Ta kancona ima šest strofa od po 11 do 44 stiha; od ukupno 143 rimovana su 72 stiha. Šema njene prve dve strofe izgledala bi ovako: AbaCDdEefgg- HiLlmfNom i abCcDEffgHiLm NoMpp.

I ostale tri kancone sastavljene su od više strofa nejednake dužine, s rimovanim i nerimovanim stihovima, među kojima ima i leoninskih, unutrašnjih rima i asonanci.[46]

Šta je od tih obeležja strukture Leopardijevih kancona očuvano u Tomanovićevu prevodu?

U prevodu sve četiri kancone Tomanović je izvršio znatna *skraćivanja*, i to izostavljajući pojedine delove stiha ili sintagme, ili, ponekad, izostavljajući čitav stih, odnosno sažimljući dva stiha u jedan.

---

[42] L. Galdi, *Introduzione alla stilistica italiana*, Bolonja 1971, 264.

[43] La canzone libera: L. Galdi pravi razliku između *la canzone leopardiana* i *la canzone libera*, koja se, kako on kaže. ponekad takođe zove leopardiana. *Nav. delo*, 266.

[44] T. Casini, *Le forme metriche italiane* 1908, 11.

[45] P. E. Guarnerio, *Manuale di versificazione italiana*, Milano s. a. 136–137.

[46] Tako, na primer, u *Silviji* "... slobodna dužina strofe, slobodno smenjivanje sedmerca i jedanaesterca, slobodan raspored rima koje su čas ređe čas češće, međutim, u toj slobodi (koja, razume se, nije samovoljna)... stalna zatvorenost svake od ovih različitih strofa jednim sedmercem, koji se rimuje s nekim prethodnim stihom, sedmercem kome u svim strofama izuzev u trećoj prethodi jedanaesterac – u toj slobodnoj pesmi nagoveštena je jednaka kadenca diskretna mera". G. Leopardi, *Canti* (uvodna studija i komentari M. Fubini) Torino 1973, 167.

Na izostavljanje sintagmi, delova stiha i pojedinih reči nailazimo, na primer, u pesmi *La quiete dopo la tempesta*; u 11. stihu izostavljeno je *l'umido cielo*; u pesmi *A Silvia* u 29. stihu *che cori*, a u 39. *figli tuoi*; u pesmi *Il tramonto della luna* u 26. stihu *alla tempesta*; u 37. epitet *vergine* uz *luna*, u 72. *tacito* itd.

Izostavljanje čitavih stihova nalazimo u pesmi *Tišina po oluji* – 17. stih originala: *di sentiero in sentiero*; u *Silviji*: 55. stih – *mia lacrimata speme*!; u pesmi *Zalazak mjeseca* nedostaju tri (9, 10. i 11) uzastopna stiha: *giunta al confin del cielo, / dietro Apennino od Alpe, o del Tirreno / nel l'infinito seno*; / u *Noćnoj pjesmi* stihovi 24: *per montagna e per valle* i 30: *cade, risorge e piuž e pi už s'affretta*.

Sažimanje, odnosno spajanje stihova nalazimo u prevodu pesme *La quiete dopo la tempesta,* gde su četiri stiha originala: "Passata e la tempesta / odo augelli far festa, e la gallina, / tornata in su la via, / che ripete il suo verso ..." na našem jeziku data u tri stiha: „Prošla je već oluja: tičice / Eno slave i kokot se vrće / Opet na dvor i začinje pjesmu".

U Tomanovićevu prevodu ovih kancona izrazita je *izmena* originalnog pesnikovog *metra*. Dok se u originalu u sve četiri kancone uzlazni ritam smenjuje sa silaznim, u prevodu su one date jednoličnim desetercem.

Slično je i sa *slikom:* u prevodu pesama *Tišina po oluji* i *Noćna pjesma pastira* uopšte ga nema, u elegiji *Silviji* postoje tri, a u pesmi *Zalazak mjeseca* dva. Pa i tu gde, ovako malobrojni, postoje, Tomanovićevi srokovi se i ne približavaju efektu Leopardijevih srokova, koji su upravo u ovim pesmama izuzetno snažni, neočekivani i veoma upečatljivi. Šta više, u prevodu oni su gotovo neodrživi. Na primer: „I daleko nade *iščezaju*, / koje jadna čeka *podržaju*" (kurziv M. Z.), odnosno vrlo slabi:"O prirodo, za što potla *ne daš* / što obećaš? Zašto da nas *varaš*?" (Kurziv M. Z.)

Sve te i takve izmene, a osobito upotreba deseterca za smenjivanje sedmerca i jedanaesterca, uticale su na izmenu ritmičke strukture i osnovne intonacije kancona. Tomanović desetercem na izvestan način ukalupljuje Leopardijeve stihove različite po metru i lišava ih rima, pa kancone u prevodu gube od svoje dramatične snage; lišene su leopardijevske namerne

„asimetričnosti", koja je jedno od osnovnih obeležja poetske forme ovog pesnika; uprošćeno su ujednačene, s monotonom ritmičkom konstantom. Prema tome, bez razbijenosti ustaljenih metričkih formi, prevedene kancone gube i od one naročite, za tadanju italijansku poeziju nove, metričko-sintaksičke strukture.

Tako se, na primer, u pesmi *Tišina po oluji* gubi upravo onaj „... Zanos igre... i kao u nekoj Betovenovoj simfoniji, nakon sporog i gotovo pogrebnog ritma, odjedanput se pojavljuje 'presto'".[47]

Ako, primera radi, uporedimo samo nekoliko početnih stihova iz pesme *Canto notturno*...

> Che fai tu, luna, in ciel? dimmi, che fai?
> silenziosa luna?
> Sorgi la sera, e vai,
> contemplando i deserti; indi ti posi.

s Tomanovićevim prevodom

> Mjesečino, što činiš po nebu?
> Nu reci mi, što činiš, ćutljiva
> Mjesečino? Večerom izađeš
> I putuješ motreći pustinje;
> Pa počivaš ...,

videćemo kako se gubi muzički ton tužbalice, koji pesmi daje smenjivanje ulaznog i silaznog ritma.

Navedeni primer promene ritmičke strukture, artikulacije i intonacije originala otvara još jedan problem – *izneveravanje Leopardijevog semantičkog kruga reči*. Reč *luna* iz prvog stiha prevedena je sa *mjesečina* (verovatno je Tomanović, kao i drugi prevodioci, pribegao ovom rešenju mučen problemom roda reči: *luna* – mesec). U elegiji *Silviji* Tomanović *tenerella* prevodi sa *jadnice*; u *Tišini po oluji* stihove 2. i 3: „... *e la gallina / Tornata in su la via*" u prvoj verziji prevodi: „... i kokot na polje / Đe se vraća...", a u drugoj: „... i kokot se vrće / opet na dvor...".

---

[47] F. Flora, *Storia della letteratura italiana*, vol . IV, Milano 1965, 406.

U odlomku *Uspomena* takođe ima nekoliko izmena pesnikove semantičke strukture. Iz razloga koji ne možemo utvrditi (ukoliko se ne radi o potrebi da se značaj pesme u prevodu uopšti, da se lični bol slije s tim uopštenim), Tomanović nijedared ne pominje ime *Nerina*, već ga na tri mesta zamenjuje različitim (koji ponegde i banalno deluju) izrazima milošte: *mila moja, ljubo moja, dušo moja* i pesmu lišava muzikalnosti jedva variranog ponavljanja:

> dico: o Nerina,
>
> ....
>
> dico: Nerina mia,
>
> ....
>
> dico: Nerina or più...

Kao primer kako se u prevodu može izgubiti lepota originala, navešćemo iz iste pesme sintagmu *dolcezza mia*, koju je Tomanović preveo *slatka moja*, čime ne samo što smisao izraza nije preveden dovoljno tačno već je i banalizovan, a zvukovni efekat reči *dolcezza* – osiromašen. Potom, Leopardijev višeznačni izraz dat u jednoj reči: *passasti* preveden je izrazom od tri reči, a sadržaj mu je osiromašen: *već te nema*.

Za razliku od te četiri kancone, pisane sedmercem i jedanaestercem, *Ricordanze*, neku vrstu poeme, Leopardi je dao u nerimovanom jedanaestercu. Tomanović pak odlomak iz njih, pod naslovom *Uspomena,* takođe prevodi desetercem. Samo je sad po broju stihova prevod duži od originala: u Leopardija 38, u Tomanovića je 44. Do toga je došlo verovatno otud što Tomanović i tu menja metar stiha i što nije stih prevodio stihom. Međutim, ovde se izmena pesnikovog metra manje oseća nego u kanconama. I, što je značajno, pomenutim izmenama prevodilac nije izmenio i sadržinu originala – povećanim brojem stihova sadržina nije proširena već samo prenesena u drugačije okvire.

Navodeći sve te zamerke, ipak valja istaći da je Tomanović, uprkos tome što se latio prevoda veoma složenih stihova, i uprkos činjenici što za taj posao nije imao velikih domaćih uzora, uspeo da nam, stihovima koji se tečno čitaju, približi velikog italijanskog pesnika. A čini nam se da su od Tomanovićevih poetskih prevoda najbolji prevodi Leopardijevih pesama. Na primer:

> Ko u noći pustoj, iznad poljâ
> I srebrnih voda kada vjetrić
> Tihi diše, kuda prestavljaju
> Daljne sjenke priviđenja razna
> Po talasu mirnom i po granju,
> Brežuljcima i po seocima,
> Kad zalazi mjesec, bježe sjeni
> I do i br'jeg pocrni od mraka,
> Noć ostaje sama, i kočijaš
> Sjetnim glasom pjevajuć pozdravlja
> Zrak pošljednji s zapada mjeseca,
> koji ga je do sada pratio.

Svih pet pesama koje je Tomanović odabrao da bi našim čitaocima predstavio Leopardija i tako iskazao i svoje doživljavanje velikog pesnika, kasnog su perioda Leopardijeva života, tj. iz vremena pesnikove zrele lirike. Sve su te pesme, izuzev *Tramonto della luna*, koju je Leopardi pisao pred samu smrt (posljednje stihove je diktirao svome prijatelju Ranijeriju) iz godina 1828–30.[48] I sve one, kao uostalom Leopardijevi stihovi uopšte, odišu patnjom, bolom i očajem. U njima se povezuju i isprepliću *motiv sećanja* s neprekidnim, leopardijevskim, žaljenjem za mladošću – kad je bar nade bilo, *i motiv prerane smrti*, koja onemogućava da se pređe „*il limitare di gioventù*" i koja je najsurovija upravo kad pogađa mlada, nevina bića, još puna vere i nadanja (ovde mladih devojaka).[49] Leopardijeva tuga nema utehe, za nju nema izlaza. A ako se u

---

[48] G. Leopardi, *Canti* (Uvodna studija i komentari M. Fubini) ... 143, 166, 171, 181, 189

[49] Objašnjavajući svoj izbor pri prevođenju, Tomanović u pomenutom pismu P. Papi kaže: „Ja zapravo nisam pesnik onoliko koliko me besmrtni bol kao i ljubav prema mojoj mladoj ženi nagoni da tražim pesničke tvorevine koje, kao da izviru iz mog srca, iskazuju moj bol". Čudina je nekrolog, na italijanskom, Tomanovićevoj mladoj ženi završio upravo stihovima iz pesme A *Silvia* (*Petroslava Tomanović*, Split 10. VIII 1880; isečak, bez oznake naziva novina, nađen u zaostavštini).

životu zadovoljstvo i javi, ono je uzaludno. I dok čitamo ovakve Leopardijeve stihove, poređenje nam se samo nameće: kako dva velika pesnika, italijanski i naš, *isti motiv* — motiv *tišine po oluji,* doživljavaju i daju posve različito. Dok u Njegoša za čoveka nema bezizlaznih situacija:

> Iza tuče vedrije je nebo,
> iza tuge bistrija je duša,
> iza plača veselije poješ,

u Leopardija samo smrt može čoveka spasti od nevolja:

> ... Umana
> prole cara agli ererni! assai felice
> se respirar ti lice
> d'alcun dolor: beata
> se te d'ogni dolor morte risana.[50]

Leopardijev pesimizam je osobito beznadan i ne samo zato što ga, ni pokatkad, ne smenjuje bar iščekivanje dobra, već zato što dobra nema, što ga ne može biti ni u naslućivanju.

---

[50] Citirano prema izdanju T. I. Ricardo Ricciardi Editore, Milano – Napulj 1956.

LAZAR TOMANOVIĆ KAO KNJIŽEVNI KRITIČAR

Tokom svog dugog života Tomanović je sarađivao bezmalo u svim tadašnjim književnim časopisima, u listovima i godišnjacima. Dovoljno je da prelistamo „Dalmatinski magazin", „Zastavu", „Maticu", „Misao", „Javor", „Otadžbinu", „Stražilovo", „Brankovo kolo", „Srpski list", „Život i crkvu", „Narod", „Pančevac", „Zapise", „Novu Evropu", „Slobodnu misao", „Dubrovnik", „Srpsku zoru", „Crnu Goru", „Vuk" i dr., pa da vidimo koliko je tačna tvrdnja P. Šoća, da se ne može otvoriti ni jedan od uglednih listova toga doba „a da na nekoj stranici ne susretnemo ime L. Tomanovića"[1].

Svoju publicističku delatnost Tomanović je otpočeo (1868) političkim napisima,[2] a književne članke piše od 1873. godine.[3] Najintezivnije bavi se književnom kritikom osamdesetih i devedesetih godina prošloga veka. U taj period ulazi i njegovo uređivanje listova i časopisa: „Glasa Crnogorca" (1891–1906), „Nove Zete" (pokrenuo ju je 1889. i u njoj radio 2 godine i 4 meseca) i „Grlice" (1889–1896. s prekidom 1893–1895). Ti časopisi, osobito „Nova Zeta", odlikovali su se bogatstvom književnih priloga, živošću, aktualnošću i iscrpnošću stalnih rubrika u kojima je praćen književni i umetnički život u nas, u Rusiji i na Zapadu. Potonjih godina, kad se povukao iz javnog života, pa sve do smrti, Tomanović je nastavio

---
[1] P. Šoć: *Dr. Lazar Tomanović*, „Misao" 1933, br. 15, 380.
[2] Prvi članak *O krsnom imenu*, „Srpsko-dalmatinski magazin", XXVI, 1868; zapravo je predavanje na svetosavskoj proslavi, koje se svidelo uredniku magazina, pa ga je objavio.
[3] *Dal Ongaro*, „Crnogorac", 1873, br. 4, 1–3; *Frančesko Domeniko Gveraci*, „Glas Crnogorca", 1873, br. 23–24, 1–2.

da sarađuje u domaćoj periodici, ali mahom istorijskim, kulturološkim i sličnim člancima, a vrlo retko književnim.[4]

Kad govorimo o književnokritičkoj delatnosti Lazara Tomanovića, valja odmah istaći da se tu radi uglavnom o kratkim osvrtima (često pisanim na granici publicistike), o njegovom stalnom i živom interesovanju za goruće probleme dana, za „vruće teme" vremena, a ređe o književnim raspravama ili iscrpnijim studijama.

Iz celokupnog, velikog (preko stotinu) broja napisa o književnosti i književnicima mogli bismo izdvojiti dva tematska kruga problema koji su najviše zaokupljali Tomanovićevu pažnju. Prvi se odnosi na našu književnost a drugi na književnost susednog nam italijanskog naroda. Prati Tomanović i književnost drugih naroda, osobito rusku.[5]

A počeo je da se bavi književnošću i književnom kritikom upravo s italijanskom tematikom. Od naše književnosti pretežno se bavio savremenom. U rubrikama časopisa koje je uređivao („Nove knjige", „Književni pregled"), a i u mnogima drugim, kritički je pisao i, kako je sam govorio, primerima „tumačio" nova dela svojih savremenika. Iako mu se ponekad dešavalo i da pretera, pa i pogreši[6], Tomanović u književnim osvrtima pokazuje izoštren sluh za umetničke vrednosti. Često je veoma kritičan (ne štedi čak ni svoga Knjaza Nikolu, kome se inače i kao pesniku divio).[7] Svestan stanja u kojem je bila

---

[4] U periodu 1906–1932. napisao je samo dva književno-kritička članka: *Jedna lijepa pojava*, „Lovćenski odjek", 1925, br. 6, 350–355 i *Dvije lijepe knjige*, „Narodna riječ", 18. IV 1927.

[5] Osim retkih izuzetaka, ruska književnost je zapravo još jedna književnost o kojoj Tomanović piše. Iako ih nije malo, sve su to kratki, uvek prigodni članci, često prepričavanja iz nekog ruskog časopisa. Značajno je, međutim, što „Nova Zeta" i „Glas Crnogorca" donose mnogo priloga iz ruske književnosti, najave novih prevoda Tolstoja i Dostojevskog. Na jednom mestu, dajući savet mladom spisatelju, Tomanović mu poručuje da uzore traži u ruskoj književnosti: „Ruski pripovjedači su danas prvi u svjetskoj književnosti" (up. „Glas Crnogorca", 1897. br. 6, 3).

[6] Na primer, u kritičkoj oceni N. Grujića: „... ima upoređivanja klasičnih, kakovih se nahodi tek u *Ilijadi Omerovoj*" („Nova Zeta", 1889, br.1, 30).

[7] Zamera mu u *Balkanskoj carici* neke nerazumljive provincijalizme, poneki „tvrdi stih", neuverljive delove, ali ga i opravdava mnogim državnim poslovima (*Deveti dan. Putnička uspomena*, „Stražilovo", 1886, br. 31–36).

ondašnja srpska metrika, on i slavnim pesnicima, pesnicima koje je i sam voleo i cenio, zamera što „rimama ružno ramlju", ukazuje im na mane u stihu, u sroku, u izboru reči, koji dovodi do banalnih rima. Iako ume da mlade pisce, ponekad nasuprot opštem kritičkom mnenju, podrži i ohrabri, prigovara im što „hitaju", što po časopisima suviše objavljuju, što svoje stvari ne dorađuju. Suprotstavlja se insistiranju jednog dela kritike na očuvanju triju jedinstava i zalaže za rušenje već prevaziđenih šablona i u epu i u drami. Gotovo uvek strasno, a ponekad i žučno, svojim napisima traži otvorenu borbu mišljenja, koja može samo koristiti našoj književnosti, borbu koja se vodi razlozima estetike i zdravog razuma.

Iz današnje perspektive za Tomanovićev pristup nekom piscu možda je najzanimljiviji odnos prema Vojislavu Iliću. I to dvostruko. Prvo, kao potvrda određenog čula za novo u književnosti, drugo, kao izvesno odstupanje od osnovnih estetičko-teorijskih stavova o utilitarnoj ulozi književnosti, kojih se Tomanović dosledno pridržava i kad govori o delima naših i kad govori o delima stranih pisaca. Još za pesnikova života Tomanović izriče neke od ocena koje će kritika dati tek nakon smrti pesnikove.[8] Tomanović je prvi zapazio ono što će potonji kritičari okarakterisati kao „krupan korak u ravitku naše poezije".[9] („*To je ona klasična prostota u slikama iz prirode i društvenog života...* i neka *aristokratska težnja u umjetnosti*, kojom te slike izrađuje"). On naglašava samosvojnost V. Ilića u obnavljanju književne tradicije; za njega je to „po suštini i po obliku pjesnik, koji nam navješćuje novu evoluciju pjesništva našeg". Nesiguran, doduše, u definisanju tog novog pesništva, Vojislava Ilića naziva „kolovođom nove realističko-verističke škole u našoj književnosti". I sad, prvi, i jedini put, priznaje da se vreme promenilo i da se više ne može pevati, ne bar onako

---

[8] Zato nam se čini da je sud D. Živkovića o Tomanovićevoj oceni V. Ilića ipak oštar: „... Ono što su L. Tomanović i M. Car pisali o njegovoj poeziji za vreme njegova života moglo je samo da zbuni i obeshrabi pesnika, koji i onako u skučenoj srpskoj građanskoj i književnoj sredini svoga doba nije mogao da dobije nikakvog podsticaja, pomoći i saveta". Up. *Simbolizam Vojislava Ilića*, u: *Evropski okviri srpske književnosti*, Beograd 1970, 325.
[9] Isto, 328.s

kako je zahtevala situacija kad su pevane patriotske pesme. A Ilićeve rodoljubive pesme, kaže, više vrede „nego sve tendenciozno-patriotske srpske pjesme posljednjega decenijuma".[10]

Najomiljeniji savremeni pesnik bio je Tomanoviću Zmaj, i *Uveocima* i ironiji, kao kulminaciji tuge u njima, posvećuje jednu od svojih najlepših studija.[11]

Pisao je Tomanović i o Mušickom, naročito ističući patriotizam njegov,[12] potom o Njegošu, o Branku (dvama idealima, uzorima), ali u većini slučajeva to je bilo prigodno pisanje. Poređenjem istorijskih činjenica, „genezom događaja" i samog epa, dokazivao je da je Mažuranić, „genijalni pjesnik hrvatski", a ne vladika Rade, napisao *Smrt Smail-age Čengića*.[13]

Pored narodne poezije kojom se, kao i većina kritičara toga vremena, bavio (pratio je i izlaženje novih zbirki narodnih pesama,[14] prevode njihove na strane jezike)[15] i na koju se stalno pozivao, Tomanović piše o starijoj književnosti, poglavito o Gunduliću. Ali zanesen svojom idejom, daje malo novoga o umetničkoj vrednosti *Osmana*, čak je retko i pominje. U mnogim člancima polemiše s hrvatskim kritičarima,[16] smatrajući Gundulića isključivo srpskim pesnikom. Zalaže se za novo izdanje *Osmana* ćirilicom i donosi svoje ispravke dotadanjih izdanja.

---

[10] *Pesme Vojislava J. Ilića*, „Nova Zeta", 1879, br. 9, 325. Pored ovog članka, Tomanović je često pominjao Ilića, a posebno se njime bavi u: Vojislav J. Ilić, „Stražilovo", 1878. Br 16, 245–249

[11] *Ironija u „Uveocima"*, „Stražilovo", 1886, br. 46, 1595–1602.

[12] *Lukijan Mušicki*, „Stražilovo", 1887, br. 28–33. Tomanović naglašava „plemenitu svrhu poezije Mušickove", pa što je „u zvijezde uznosio sve što se srpsko zvalo".

[13] *Ivan Mažuranić*, nekrolog, „Nova Zeta", 1890, br. 8, 311–312; *Je li vladika Rade spjevao ep Smrt Smail-age Čengića?* „Brankovo kolo", 1895, br. 9, 269–274. – Up. M. Živančević: *Spor oko autorstva...* „Letopis M S", 1981, sv. 5, 727–734.

[14] *Narodna epika naših Muhamedanaca*, „Nova Zeta", 1889, br. 2, 80-85 i br. 3, 104–110.

[15] *Canti popolari serbi, tradotti da Giovanni Nikolić*, „Glas Crnogorca", 1894, br. 19, 1–2.

[16] Up. „Stražilovo", 1877, br. 51–52, „Stražilovo" 1893, br. 9–12, „Brankovo kolo" 1901, br. 14, „Nova Zeta", 1890, br. 3 i dr.

Drugi krug književnokritičke aktivnosti Tomanovića valja posmatrati u širem kontekstu njegove vezanosti za Italiju i njenu kulturu, posebno za Risorđimento. U svojim člancima Tomanović se italijanskom književnošću bavio višestruko: predstavljao je italijanske pisce našoj čitalačkoj publici,[17] prikazivao italijanska književna dela prevedena na naš jezik[18], obaveštavao o tek izašlim knjigama na italijanskom, zatim o prevodima naših dela na italijanski[19], osobito o prevodima naše narodne poezije, donosio ocene tih prevoda.[20] U podliscima, kulturnim rubrikama i književnim vestima listova koje je uređivao prilozi s italijanskom tematikom bivaju sve brojniji.

Kroz celokupnu književnu delatnost tog drugog kruga provejava osobita ljubav Tomanovića prema Italiji. Kad piše o našim piscima, uvek ih upoređuje s italijanskima. Čak i kad piše o pojavama ili književnim događajima koji nemaju neposredne veze s italijanskom kulturom, on nalazi načina da pomene italijanske velikane bilo s književnog bilo s političkog polja. Za borbu italijanskih patriota doslovce kaže: „*Najljepše i najviše djelo ovoga stoljeća* jeste ujedinjenje Italije i njeno emancipiranje od papske i popovske vlasti".[21]

---

[17] Na primer: Kardučija u *O rimi iliti sliku*, „Stražilovo, 1877, br. 35, 550–553; D'Anuncija u *Primjeri iz italijanske književnosti*, „Glas Crnogorca", 1901, br. 19, 2; Gveracija u F. D. Gveraci, „Glas Crnogorca", 1873, br. 23-24, 1–2.

[18] *Pošljednja pisma Jakova Ortisa*, „Glas Crnogorca", 1899, br. 11, 3.

[19] Npr.: E. Martinengo, *Storia della liberazione d'Italia 1815–1870*, Milano 1896, „Glas Crnogorca", 1897, br. 6, 2 (tokom iste godine u „Listku" izlazi prevod odlomaka iz tog dela); A. Baldaci, *Nel Montenegro Sud-Oriente*, Rim 1902, „Glas Crnogorca", 1902, br. 23, 3; V. Brunelli, *Illustrazione storica a Dante, Div. Com. Par XIX*, „Glas Crnogorca", 1900, br. 18, 2–3, pod naslovom *Stari srpski novci*; pod istim naslovom, isti prikaz u „Brankovom kolu", 1900, br. 27–28, 884–885, zatim, gotovo isti tekst, prikaz iste knjige pod naslovom *Jedan srpski kralj u Dantovoj Božanskoj Komediji*, „Zora", 1900, br. 8-9, 306–310.

[20] *L' Imperatrice dei Balcani*, dramma di Nicolo I, Principe del Montenegro. Traduzione del serbo di G. Nikolić, Zara, 1899. „Glas Crnogorca", 1899, br. 4, 4; *Canti popolari serbi*, tradotti di G. Nikolić. Zara 1894, „Glas Crnogorca", 1894, br. 19, 1–2.

[21] L. Tomanović: *Crna Gora i Italija*, „Nova Evropa", 1929, br. 12, 361–363.

Kad govori o odnosu dveju književnosti, radi to na način na koji se tada jedino i moglo govoriti: ističe uticaj koji je Italija vršila na razvoj naše kulture. Kao najveću potvrdu za to navodi „obodsku štampariju" i „dubrovačku književnost" – „blagotvorno neprocjenjivo blago".[22]

Posebno poglavlje Tomanovićevog bavljenja italijanskom književnošću i nastojanja na zbližavanju dveju kultura predstavlja odnos prema „velikom Šibenčaninu", „jednom od najvećih italijanskih pisaca". I Tomanović, u tri nastavka, posvećuje *Listak* „Glasa Crnogorca" Nikoli Tomazeu, i to ne toliko stoga što je on jedan od onih koji su stekli „svojijem radom... mjesto u Panteonu italijanskijeh besmrtnika", već što je „njegovo srce bilo i za bolju budućnost srpskoga naroda". Iz onoga što je Tomazeo „ostavio u svojijem italijanskijem spisima lijepijeh dragocjenijeh stvari o srpskome narodu", Tomanović za čitaoce „Glasa Crnogorca", u podlisku, prelistava Tomazeov *Il Secondo Esilio*, i to tako da, po tačkama (ukupno trinaest) iznosi osnovne ideje Tomazeova dela, a izostavlja one za koje drži da ih istorija nije potvrdila kao pravilne. To iznošenje Tomanović završava rečima: „Njegovo oduševljenje prema srpskijem narodnijem pjesmama i prema srpskome jeziku, koji je u zvijezde podigao, dovoljno nas obavezuje da mu vječnu poštu odajemo, i to ćemo učiniti ako sve njegove spise o našijem stvarima u jednu knjigu sakupimo".[23]

Širina Lazara Tomanovića i sposobnost njegova da ceni velike ljude i kad se s nekima od njihovih dela ili mišljenja ne slaže, izrazito se ogleda u njegovu stavu prema odnosu Tomazea i Njegoša. U rubrici istog lista *Književnost, umjetnost i prosvjeta* Tomanović donosi ono poznato Tomazeovo pismo Njegošu koje će tolike naučnike navesti da o njemu raspravljaju. Tu je i odgovor Njegošev s Tomanovićevim komentarem. Tomazeov stav Tomanović tumači ondašnjim političkim prilikama, pa dodaje da Tomazeo ne treba u nama nikakvu zlovolju da probudi, jer je on „stekao u Srpstvu svojim književnim dje-

---

[22] *Primjeri iz italijanske književnosti*, „Glas Crnogorca", 1901, br. 23, 2.
[23] *U spomen Nikoli Tomazeu*, „Glas Crnogorca", 1896, br. 20, 2.

lima vječnu blagodarnost, prikazujući plemenitost duševnih osobina srpskoga naroda".[24]

Tomanović je pobornik romantičarske ideje o pesniku-geniju[25] i načela narodnosti kojim su prožeti gotovo svi njegovi tekstovi (s oslanjanjem na teoretičara prava Mančinija i filozofa Mamijanija, smatra Njegoša „pretečom prvijeh svjetskijeh učitelja velikog načela devetnaestog vijeka – načela narodnosti").[26]

I kao da ga se nisu ni dotakla filozofsko-estetička shvatanja ruskih revolucionara-demokrata, tada već poznatih u Srbiji, pa ni ideje mladog Svetozara Markovića. On je protiv „empiričko-materijalističkog pravca", protiv „bezuspješnog cinizma moderne književnosti", „mutnijeh, očajnijeh likova Skandinavca Ibsena", protiv „blata modernog materijalizma". Protivnik je i naturalizma i verizma, čija težnja da pišu sve što je istinito i prirodno vodi pornografiji. Razmatrajući „grijehe" zadarskog lista „Vuk",[27] navodi i „greh" što je list hteo da bude predstavnik „najnovije, naturalističke, verističke škole u srpskoj književnosti". Ovakvom kritikom on se zapravo suprotstavlja onom vrlo plodonosnom jezgru u našoj književnosti, koje je do stvaralačkog ostvarenja došlo u delima Sime Matavulja.

Na kraju, hteli bismo još jedared istaći da Tomanović na teorijskom planu zastupa gotovo u celini gledišta o odnosu književnosti i društva svojstvena ranom italijanskom romantizmu. Kao i za Macinija, književnost je za njega sredstvo nacionalnog buđenja i osvešćivanja. Razume se, te ideje bile su i u teorijskom inventaru Ujedinjene omladine srpske, a Tomanović se od svoje mladalačke orijentacije nije odvajao ni u godinama intelektualne zrelosti. I, uzimajući u obzir njegovo pri-

---

[24] *T. Tomazeo i Njegoš*, „Glas Crnogorca", 1902, br. 40, 2–3.

[25] „Italija je u rukama Filisteja, tupih, kratkovidih, koji se tope u loju i u brojevima: eto velike nesreće! I neće se podići, dok jedan genije, koji je u suštini vazda pjesnik, ne raščera pomrčinu i opet sunce ne pozove!" (*Primjeri iz italijanske književnosti*, 1901, br. 19, 3).

[26] *Petar II Petrović Njegoš kao vladalac*, Cetinje 1896, 14. Godine 1897. Tomanović će reći: „A pjesnici su najvjerniji tumači svojega naroda, u njihovoj se duši ogleda duša naroda".

[27] *Poslije „Vukova" neuspjeha*, „Crnogorka", 1875, br. 17, 139.

sno poznavanje kulture italijanskog Risorđimenta, možemo pretpostaviti da je takva teorijska opredeljenost nalazila čvrst oslonac u, za njega uzoritim, tekstovima italijanskih preporoditelja. Gveraciju[28] će Tomanović, i u vreme kad se mogao odvojiti od intelektualnih ljubavi svoje mladosti, kad je „državni razlog" mogao da nadvlada „moralni razlog", ostati privržen do kraja, kao svojim mladalačkim idealima. Tako u Tomanovića možemo zapaziti izvesnu statičnost književnih shvatanja koja se za njegova dugog života nisu, granajući se, razvijala, već su ostajala vezana za nekolika teorijska jezgra i uverenja stečena u mladosti.

---

[28] Nakon prevoda Gveracijeva romana, Tomanović će se čitavog života pozivati na tog, inače minornijeg predstavnika književnosti italijanskog Risorđimenta, ali i jednog od najistaknutijih boraca tog pokreta.

II

JOŠ NEKI PODACI O SARADNJI N. TOMAZEA I P. P. NJEGOŠA

(*Dva neobjavljena pisma M. Medakovića i povodom njih*)

O protivurečnom odnosu Petra II Petrovića Njegoša i Nikole Tomazea u nas je dosta pisano. Prvi je, koliko znamo, Lazo Tomanović, u svoje doba istaknuti crnogorski kulturni radnik i političar, donoseći u „Glasu Crnogorca"[1] Tomazeovo pismo Njegošu i Vladičin odgovor, pokušao da, s dokumentima u ruci, objasni „ondašnjim političkim prilikama" stavove ova dva velikana. Trideset godina kasnije Grga Novak se, na osnovu određene građe i jedne posthumno objavljene Tomazeove knjige,[2] detaljno pozabavio uzajamnim odnosima Tomazea i Njegoša.[3] A dosad najiscrpniji članak o Njegošu i Tomazeu, o njihovoj saradnji i prijateljstvu, koje se za kratko vreme (za svega godinu dana: od 1847 do 1848) pretvorilo u neprijateljstvo, naročito žučno s Tomazeove strane, napisao je Kosta Milutinović.[4] On je ovu promenu protumačio davnašnjim različitim Tomazeovim i Njegoševim shvatanjima, kao i novijim političkim prilikama i događajima. Na kraju, valja pomenuti i mišljenje Mate Zorića, koji drži da nisu događaji iz 1848. uzrok

---
[1] T., *Tomazeo i Njegoš*, „Glas Crnogorca", 1902. br.40, 2–3. Uzgred da pomenemo, L. Tomanović pisao je o Tomazeu: T. *U spomen Nikoli Tomazeu*, „Glas Crnogorca", 1899, br. 20, 2 i br. 22, 2.
[2] N. Tommaseo, *Venezia negli anni 1848 e 1849*, Firenca 1931. Ovo je delo, prema zaveštanju samog pisca, objavljeno tek pedeset godina nakon njegove smrti.
[3] G. Novak, *Petar II Petrović Njegoš i Nikola Tomazeo*, „Politika", 6–9. I 1931, 15.
[4] K. Milutinović, *Njegoš i Tomazeo*, „Zbornik istorije književnosti", 1966, knj. 5, 35–69. Up. Isti, *Nikola Tommaseo i jadransko pitanje*, „Jadranski zbornik",1959–60, IV.

„nesklonosti Tomazeove prema Njegošu", već da je ta nesklonost starijeg datuma.[5]

Kao što je poznato, Tomazeo, „jedan od najplodnijih pisaca kojega je italijanska književnost u prošlom veku imala"[6], mislio je o Rusiji i značaju njene međunarodne uloge po slovenstvu sasvim drukčije nego Njegoš. Pa i u shvatanju uloge Italije u Dalmaciji Njegoš i Tomazeo su se potpuno razilazili: prvi se, verujući u hrvatski preporod i u zajednicu Hrvatske i Dalmacije, bojao „slavensko-romanske simbioze", a drugi ju je priželjkivao. Međutim, dijametralno suprotni stavovi[7] u ovim pitanjima nisu smetali srdačnom odnosu koji se između dvojice velikih pregalaca razvija 1847. godine, prilikom Njegoševa boravka u Mlecima. Ali kad je 1848. izbila revolucija u Beču, i kad je, prenoseći se dalje, buknula i u Veneciji, „veliki Šibenčanin" je u njoj uzeo aktivnog učešća. On je želeo da se i Dalmacija „oslobodi austrijskog ropstva", ali je pri tome strahovao da će „Crna Gora, kao saveznik Rusije, napasti i zaposesti Boku Kotorsku, ako se pobuni protiv Austrije".[8] I Tomazeo se, 31. marta, obratio vladici Radu onim, sad već široko poznatim pismom, punim teških optužbi.[9] Njegoš je suzdr-

---

[5] M. Zorić, Nekoliko pisama iz ostavštine Nikole Tommasea, „Zadarska revija", 1959, br. 4, 410-420; M. Zorić, Carteggio Tommaseo – Popović, „Studia Romanica et Anglica Zagrabiensia", 1975, 40, 222.

[6] N. Stipčević, *Prisustvo Nikole Tomazea u srpskoj književnosti*, u „Uporedna istraživanja", 1, Beograd 1975, 439.

[7] Stavovi Njegoša i Tomazea razlikuju se i u drugim pitanjima. Na primer, u pitanju značaja uvođenja novca u državu Crne Gore. Up. V. M. G. Medaković, *P. P. Njegoš, poslednji vladajući vladika crnogorski*, Novi Sad 1882, 134.

[8] K. Milutinović, *nav. delo*, 49.

[9] „Ekselencijo, Šire se veoma uvredljivi glasovi na račun Vašeg i slovenskog imena. Govori se da Vi nameravate, združeni s Rusijom, spustiti se iz Crne Gore i napasti Kotor. Ja ne želim to poverovati, ali pljačke i paljenja, koje su Vaši ljudi počinili u pograničnom kraju, a koji nisu bili odmah i strogo kažnjeni, biće velika bruka za Vas, Monsinjore! Vi kao hrišćanski vladika, kao vladar dakako slobodnoga naroda, kao pesnik i Sloven, treba da se pokažete pred svetom kao ugled najplemenitije čovečnosti i lojalnosti. Nemojte verovati da crnogorske litice mogu sakriti pred svetom zločine Vaših zemljaka. Ti zločini neće ostati nekažnjeni. Božja pravda bdi nad Dalmatincima. Evropa je uprla oči u Vas. Moj glas, slab, ali strašan jer je pravedan, podići će se da osveti potlačene i da zasluženim prekorom žigoše ime krivaca pred celim svetom." Up. P. II Pe-

žanim gnevom odgovorio Tomazeu,[10] a potom se jedan drugome više nisu obraćali neposredno nego spor nastaviše posredno – proglasima. Njegoš je, neprekidno težeći jedinstvu Južnih Slovena, smatrao da je za Dalmaciju i Boku bolje da *privremeno* budu i pod Austrijom nego da se prisajedine Italiji. U tom duhu on je narodu Boke uputio dva *objavlenija*,[11] koja su istovremeno predstavljala i odgovor Tomazeu na njegove napade i njegove stavove. Otada će Nikola Tomazeo imati za Petra II Petrovića samo ružne, začuđujući grube i klevetničke reči. Koristeći se raznim i mnogim povodima i raznim svojim književ-

---

trović Njegoš, *Izabrana pisma*, Beograd 1975, 285–286, gde je i original pisma. Inače, ovo pismo je prvi put objavljeno u „Gazetta di Zara", od 10. IV 1848.

[10] „Počitajemi gospodine Tomaseo, Primio sam Vaše pismo od 31. marta n.s., koje me veoma udivilo. Nije mi nužno bilo napominjati dužnosti k čovječestvu, jerbo su one sveti amanat koji je priroda dala svijema osvjestjenima ljudima. Ko obožava svobodu i ko je upravo svoboden, on podobnome sebi ne želi ni tvori obide, jerbo gazi obožajemu svetinju nogama. Zla kleveta! Bog znade kada će se pleme slavensko ispod njene gadne anateme osvoboditi i kada će ga zora istina obasjati. Osobito pak protivu ovoga svobodnoga gnijezda kleveta vječno grmi. Je li krvavije stranice u svemirnoj istoriji od crnogorske? Je li strašnije, viteškije i duže borbe među nejednakostju jošte svijet vidio nego što je vidio borbu crnogorsku poslje padenija carstva na Kosovu? Zloba i kleveta sve su ovo od svijeta koliko su mogle krile i naopako ga predstavljale iz ova četiri uzroka: prvo, što smo Slavjani, koje kleveta po svuda goni; drugo, što su naši susjedi svagda bili neprijatelji svobode, protivu nje su tvrdi kordon držali nego protivu čume; treće, fanatizm trostruki, pakleno sjeme nesloge, koji je našemu narodu više zla učinio no sve inoplemene sile i oružje; četvrto, što su Crnogorci u gdjekojima nepristojnostima učenici turski, te urade gdješto po običaju turskome.

Da! cijela se gotovo Europa danas služi jednim šiboletom. Isti šibolet upotrebljavaju Crnogorci evo četiri vijeka i po: on priliči čovjeku, da nije buran i krvav.

Žica koju cijelo Vaše pismo prolazi iz dvije je struke upredena; ja ih obje davno vidim.

Budite zdravo i veselo!

Vaš obični prijatelj

(Pismo je pisano na Cetinju, 21. aprila 1848). Up. „*Vladika crnogorski*" P. II Petrović Njegoš, *nav. delo*, 162–163.

[11] Prvo, „Bokeljima i Dubrovčanima", 20. maja 1848, drugo, „Bokeljima", maja 1848. Up. P. II Petrović Njegoš, *nav. delo*, 164–165.

nim delima,[12] Tomazeo će svoj nepravedni gnev prema Njegošu iskaljivati čak i posle njegove smrti, nazivajući ga „episkopom razbojnikom", „bezbožnim vladikom" i sl. Optužiće ga da je omađijan od petrogradskog dvora i bečkih bordela".[13] Ali valja reći i drugo: pored svih ovih kleveta i pogrda, Tomazeo – kako je to još Grga Novak primetio – nikad nije zaboravljao da je Njegoš veliki pesnik.[14]

Vratimo se godini 1847, koja nas ovde konkretno zanima. Kao što je poznato, Njegoš je februara meseca te godine, preko Trsta, stigao iz Beča u Veneciju, „slučajem", kako sam kaže. U Mlecima se, uza sve ostalo, interesovao i za arhivsku građu. On sam o tome veli: „... potrudim se i kojekako uljezem u ogromnu arhivu bivše stare republike mletačke". On se za arhiv interesovao prvenstveno zbog dokumenata o Šćepanu Malom, „čudnovatom Šćepanu", kao i zbog drugih stvari, „odnoseći se Jugoslovenstva".[15] Njegošu se mnogo svidela Venecija, a pri radu u arhivu bio mu je od velike pomoći Nikola Tomazeo.[16] Poznato je takođe da je Njegoš posetio Tomazea u njegovom „skromnom stanu", što, pored dva veoma srdačna vladičina pisma[17] i Tomazeove pozitivne recenzije na *Gorski vijenac*,[18] govori o njihovim tadanjim prijateljskim odnosima. Tomazeova pomoć vladici[19] navela je pisca predgovora prvom

---

[12] N. Tommaseo, *Venezia negli anni 1848 e 1849*, Firenca 1950; *Italia, Grecia, Illiria, La Corsica, Le Isole Jonie e La Dalmazia, 1850 (Storia civile nella letteratura); Il secondo esilio*, Milano, 1953.

[13] N. Tommaseo, *Venezia...*, 106.

[14] G. Novak, *nav. delo*, 15.

[15] Up. P. II Petrović Njegoš, *Šćepan Mali*, Beograd 1975, 10 (Predgovor).

[16] „Gospodin Tomazeo usrdno priskoči, i bi mi na ruku;..." Up. Petar II Petrović Njegoš, *nav. delo*. (Znamo da su se Njegoš i Tomazeo prvi put sreli januara meseca 1844. godine, na brodu, putujući od Šibenika prema Trstu.)

[17] M. Zorić, *Nekoliko pisama...*, 411–412.

[18] U „Osservatore Triestino", od 27. X 1847, posle preštampano u „Gazzetta di Zara", od 8. XI 1847, a 1860. i u delu N. Tommaseo, *Dizionario d'Estetica*, Milano 1860, t. II, 292.

[19] Kao što se vidi iz Njegoševa pisma Tomazeu, od 28. maja 1847, ta se pomoć nastavlja i nakon Njegoševog odlaska iz Venecije: Tomazeo je produžio s radom u arhivi za potrebe Njegoša. Up. M. Zorić, *nav delo*, 412.

beogradskom izdanju *Iskrica*, Danila Petranovića, da „velikog Šibenčanina" proglasi za „neko kratko vrijeme" Njegoševim sekretarem, što, međutim, nije ničim dokazano.[20] U stvari, Njegošev sekretar, „ađutant", bio je u to vreme Milorad Medaković".[21]

Srpski istoričar, publicista i kulturni radnik Milorad Medaković,[22] da i na to podsetimo, rodio se u Zvenigradu, na granici Like i Dalmacije, u novembru 1823. godine, a gimnaziju je učio u Karlovcu i završio u Zadru. Bio je saradnik „Dalmatinske zore" i Gajevih „Narodnih novina", saradnik a zatim i urednik „Slavenskog Juga" i „Novina dalmatinsko-hrvatsko-slavenskih", saradnik Nenadovićeve „Šumadinke", saradnik i urednik zemunske „Vojvođanke", zatim temišvarske „Južne pčele" i, zajedno s bratom Danilom Medakovićem,[23] njenog Nedeljnog dodatka „za narodnu književnost, poučavanje i za zabavu". Medaković je napisao desetak istorijskih monografija, među kojima su najznačajnije *Povjesnica Crne Gore od najstarijih vremena do 1830* (Zemun 1850), *Ustanak srpski od 1806–1860* (Novi Sad 1866), *Petar Petrović Njegoš, posljednji vladajući vladika crnogorski* (Novi Sad 1882), *Vladika Danilo* (Beograd 1896, nedovršeno). U Medakovićevim istorijskim radovima, kako kaže pisac njegove prve i, koliko nam je po-

---

[20] Up. D. Petranović, *Nikola Tomazeo, Predgovor Iskricama*, Beograd 1898, XV. K. Milutinović takođe, u *Nikola Tomazeo i jadransko pitanje*, usvaja ovu postavku, a kasnije je, međutim, u *Njegoš i Tomazeo* opovrgava.

[21] „Na Cetinju sam proveo sa vladikom Radom četiri godine; a i putova' sam šnjime u Beč i u Mletke; on me paziaše, da se ne može ni bolje ni ljepše i nedavaše mi, da se odvaiam od njega." V. M. G. Medaković, *P. P. Njegoš...*, IV.

[22] U vreme romantizma, kad se kod nas, kako kaže Skerlić, „na sve strane hoće nacionalizacija" i kad se kalendarska imena „okreću u narodna", kad mnogi ugledni Srbi menjaju svoja imena (Aleksije – Branko Radičević, Đorđe Popović – Đuro Daničić, Kosta – Stojan Novaković i dr.), Medaković svoje „tuđinsko" ime Mihailo menja u Milorad. Up. J. Skerlić, *Istorija nove srpske književnosti*, Beograd 1921, 223–224.

[23] Danilo Medaković (1819–1881), istaknuti srpski publicista, doktor filozofije, aktivni javni radnik, pokrenuo niz listova („Napredak", „Srpski dnevnik", „Sedmicu", almanahe „Lastu" i „Godišnjak". Glavno delo: *Povesti srbskog naroda od najstarijih vremena do godine 1850* (Novi Sad 1851–1852).

znato, dosad jedine biografije, „najdragoceniji su oni odeljci koji imaju memoarski karakter"[24] Značajan je i Medakovićev doprinos etnografskoj građi o Crnoj Gori.[25] A kao državni sekretar na početku vladavine knjaza Danila, Medaković je izradio i zakonik za Crnu Goru, a bio je i dugo vremena i činovnik kod ruskog predstavnika u Beogradu. Umro je marta meseca 1897. godine.

Medaković je pošao na Cetinje i tu, kako smo već pomenuli, stupio u službu Petra II Petrovića Njegoša. „On je za to vreme pratio vladiku na putovanjima, pa je s njim bio i u Beču, gde mu je vladika poverio korekturu prilikom štampanja *Gorskog vijenca*. Vladika je imao u Medakoviću odana prijatelja i iskrenog pomoćnika i u državnim poslovima."[26]

Iz ovoga, cetinjskog perioda života i rada Milorada Medakovića sačuvana su dva njegova pisma Nikoli Tomazeu,[27] koja predstavljaju još jednu potvrdu o (nažalost, kratkotrajnom) prijateljstvu i saradnji Tomazea i pesnika *Gorskog vijenca*.

Ta pisma zanimljiva su i značajna pre svega time što ih piše Njegošev „ađutant", što je on, kao takav, „umešan" u Njegoševe odnose s Tomazeom, i što se, najzad, u ovom konkretnom slučaju javlja i kao neka vrsta posrednika između Njegoša i Tomazea. Prvo pismo glasi:

> Blagorodni i visokoučeni Gospodine!
>
> Pri prvom mom sastanku s Vami, obećao sam se odavle poslati prvo izdanije Vladičini stihova: zato nepropuštam po mom obećanju što pre poslati. Ne samo, Gospodine! ovake malenkosti, no i što većega i važnijega gotov sam svagda Vas, kao našeg najotličnijeg muža u današnje vrijeme poslužiti. Samo me ondje može goreće oduševljenje pobuđivati, gdje rodoljubni Geniji svoje obilne i spasitelne proizvode na srce srodne *slavne* braće izlaže. – Premda se smrtonosne strijele na

---
[24] P. Tomić, *Život i rad Milorada Medakovića*, „Glasnik Etnografskog muzeja u Beogradu", 1937, knj. XII, 211.
[25] Na primer, *Život i običaji Crnogoraca*, Novi Sad 1860; *Crna Gora i neka objašnjenja o njoj*, Novi Sad 1868.
[26] Pisma se čuvaju u Tomazeovom arhivu u Biblioteca Nazionale Centrale u Firenci, cass. 104, n. 37.
[27] P. Tomić, *nav. delo*, 209.

sve strane protiv našeg oltara popinju: opet će naša slava kao nagla rijeka poći naprijed i nas će jasno svjetleće sunce već odavno ozebše ogrijati. Vrijeme je, da i mi ljubkodišeće cvijeće po ukrašenim livadama beremo, da kitimo slavom uvjenčane vijence; da se i naš poljetni cvijet u toliko godina ukaže! Slavenski duh još spava, veli Herder; no kad se probudi, slava će njegova svuda zakriliti i on će po svuda gospodovati; on sad robuje – a poslije će njemu svi! – To Njemac tako sudi, a mi sa boljijem žarom oduševljenja to potkrjepljavamo i potkrjepljavaćemo i unaprijed. Sve da branimo, a naš maternji jezik zanajviše, jer nam je to prvi temelj naše građe; jer ako njega ostavismo teško narodu, kao što veli Herder: „Wehe dem Volke, dessen Gelehrte sich schämen in ihrer Muttersprache berühmt zu werden, to jest: teško onome narodu, koga se učeni srame u svom maternjem jeziku proslavljeni biti." Pak i naš duh ne može tako krasno sa svojom slavom blistati, ako u duhu svoga naroda i svojim slatkim jezikom ne djela, kao što opet na drugom mjestu veli: „Man kann nur in seiner Muttersprache ein Homer, ein Pinder, ein Arihiloihus werden". Štogod imamo, sa narodom imamo; što li nemamo, bez njega je; o tom naš vjenconosni pjesnik L. Mušicki ovako veli:

„S rodom je svezana slava naša, njemu smo bogato drvo vjetvama (granama), a izvan njega otpadše grančice i suve." Mušicki, što se tiče rodoljubija, još se rađo nije; Mušicki je naša sjajna zvijezda; on je muž ne samo da je bio rodoljubiv no i uman; njegovi su liričeski spjevi jedinstveno djelo umnosti u našem knjižestvu. Danas je naše knjižestvo dosta bijedno: nemamo rođenoga Genija, koji bi po primjeru strani epohu u našem knjižestvu otvorio. No višnjega promisao uvjenčaje, Vas, nebesnom mudrošću i vaša umna čuvstva obratio k premilome rodu – sad krepkom dušom svome rodu Vaše umne proizvode posvećujete da nam sveti stolp (slave) ustanovite. Mene plamteći žar narodnosti oduševljava k rodu svome: za svoj rod djelati oću i duh istome predani još više ukrijepljavati i pitati svetim nektarom.

Izvolite ovde pošiljajuću Vam knižicu primiti – kako će se Vama dopast, ne znam. Za podobno oće se duh da je u većem stepenu obrazovanja. Znate što veli Horacije: „Trud sam bez bogata dara nit um velik, što je bez nauke kadar". Nadamo se dobru, a može ga Bog dati. Čist, jasan i dobro složen slog pobuđuje vnutrenja čuvstva u čovjeku.

Oprostite, Gospodine, za ovo moje prekomjerno izlaganje, kojim se bojim, da ne bude Vama na dosadi. Gledaću, da Vam narodnije pjesme Černogorske pošaljem, koliko uzmožem prije. Oprostite opet poradi ovakog jednostrukog pisanja, gdje bi ja morao bolje na poredak i pravila paziti: no od Vas se u svačemu nadam dobro polučiti.

Sa visokim uvaženjem i počitovanijem jesam

U Trstu   Vaš
28. ožujka 1847.   predani i ponizni sluga
                                    Milorad Medaković

Ovo pismo je, bar koliko smo mogli da utvrdimo, pisano iz Trsta na povratku za Crnu Goru.[28]

Za „prvo izdanije vladičini stihova", koje je Medaković obećao Tomazeu i koje mu, takođe iz Trsta, šalje, možemo pretpostaviti da je ili *Pustinjak cetinjski* ili *Lijek jarosti turske*.[29] Međutim, iako nas reči „knjižica" i „stihovi", pa i nejasni izraz „prvo izdanije", koji može značiti i prvi izdani stihovi, prevashodno upućuju na prve Njegoševe poetske oglede, ipak nije sasvim isključena i pretpostavka da se radi o *Gorskom vijencu*. Na to nas navodi vreme štampanja *Gorskog vijenca* – on se, kao što je poznato, pojavio na svet „najkasnije do polovine februara 1847. godine", a već 16. februara Njegoš ga je poslao na dar Ljudevitu Gaju.[30] Potom, u prilog ovakvoj pretpostavci ide i činjenica da je Tomazeo, i to među prvima,

---

[28] K. Milutinović (*nav. delo*, 43), navodeći podatke iz *A. Baschet, Les Archives de Venise*, Pariz 1870, tvrdi da se Njegoš bavio u Arhivu od 2. III do 2. V 1847. Međutim, sam Njegoš u pomenutom Predgovoru *Šćepanu Malom* kaže: „Pet šest valjatijeh pisarčićah tri čitave nedjelje po svima uglovima od arhiva kopaše..." (10): a već 6. aprila Njegoš se s Cetinja obraća pismom Jeremiji M. Gagiću. (Kurziv M. Z.)

[29] Jedno i drugo objavljeno na Cetinju 1834.

[30] V. Latković, *O Gorskom vijencu i dosadašnjim tumačenjima pojedinih mesta u spevu*, u P. P. Njegoš, *Gorski vijenac*, Beograd 1975, 219.

već u oktobru mesecu iste godine u tršćanskom „Osservatore Triestino",[31] zabeležio pojavu *Gorskog vijenca*, i u svojoj belešci dao kratku pozitivnu ocenu Njegoševe, kako on, prvi, kaže: „poeme in dialogo". Tomazeo je u ovome listu vodio stalnu rubriku o novim knjigama, pa je možda zato i zatražio od Medakovića *Gorski vijenac* (o čijoj pojavi se jamačno obavestio od Njegoša prilikom njihova susreta u Veneciji, marta meseca). No, iako izgleda neverovatno da Medaković 1847. godine, svega mesec i po dana posle izlaska *Gorskog vijenca* iz štampe, šalje Tomazeu „Vladičine stihove" koji su objavljeni pre punih trinaest godina (1834), ipak nije moguće (tim pre što Tomazeo u svom prikazu *Gorskog vijenca* pominje i druge Njegoševe spevove) da je „veliki Šibenčanin", upravo tad, radi upoređivanja i jasne predstave o vladičinom poetskom razvitku, zatražio i rane pesme. Pa i to što Medaković zatražene „Vladičine stihove" Tomazeu šalje iz Trsta, iako na prvi pogled dodaje nešto pretpostavci o *Gorskom vijencu* (u Trst su stigli novi primerci ili ih je već bilo u delu prtljaga koji je vladika, odlazeći na kraće vreme u Veneciju, mogao u Trstu ostaviti, itd.), takođe ne isključuje pretpostavku o ranijim pesmama – njih je takođe moglo biti u ostavljenom prtljagu, a Medaković ih je mogao nabaviti i kod mnogih Njegoševih tršćanskih prijatelja i poštovalaca. U svakom slučaju, Medakovićevo je pismo otvorilo to pitanje, i ono i dalje ostaje otvoreno.

Kao što vidimo, ovo pismo odiše diskretnom Medakovićevom rezervom u odnosu na Njegoša kao pesnika: Medaković ne zna kako će se Tomazeu dopasti knjižica koju mu šalje, jer „za podobno hoće se duh da je u većem stepenu obrazovanja". Ako se ovde radi o Njegoševim prvim pesničkim zbirčicama, onda Medakovićeva rezerva prema onoj koju šalje Tomazeu može donekle izgledati i opravdana, jer se tek iz dve-tri od ranih vladičinih pesama može naslutiti budući pesnik *Luče Mikrokozma* i *Gorskog vijenca*.

Ali Medaković kao da uopštava; ono njegovo *za podobno* može da znači *za poeziju, za pesnički rad uopšte*. No, Medaković ima i izričitih uopštenih „rezervi" prema Njegoševoj poeziji: u svojoj knjizi *P. P. Njegoš, poslednji vladajući vladika cr-*

---

[31] Br. 129, od 27. X 1847.

nogorski, on, na primer, kaže da neka Njegoševa pisma vezirima u Skadru i Hercegovini „nadmašuju njegove pesme".[32] Osim toga, mi i dalje ne odbacujemo mogućnost da Medaković Tomazeu šalje baš *Gorski vijenac*, koji je *već* poznavao, između ostaloga i kroz to što je u Beču, kako je već rečeno, vršio njegovu korekturu. Uostalom, poznavao ga je još bolje 1882. godine, kad je objavio knjigu s paralelom između Njegoševih pisama i pesama. Sve skupa: Medakovićeve uopštene rezerve su toliko neopravdane, čak apsurdne, da je o tome suvišno i govoriti.

Istina, Medaković, koji često pada u protivurečnosti, u knjizi o Njegošu, nasuprot onome što je pisao 1847. (da Njegošu nedostaje „veći stepen obrazovanja"), kaže da „Vladika bješe naučio osim francuskog ruski i italijanski jezik", da je svojim „neumornim trudom" sam razvijao „svoju duševnu snagu", da je na ruskom „proučio sve grčke klasike", ali da mu „bješe najmilija poezija, pa rado čitaše Lamartina, Lorda Birona, Danta i Petrarku".[33] A u jednom patetičnom dopisu „Srbskim novinama" on o vladici Radu kao pesniku emfatično kliče: „visprenij pjesnik – drugij David".[34] Ovaj dopis, međutim, potiče iz 1848, a zaključak o pismima koja su bolja od pesama – iz 1882! Taj zaključak mu, dakle, dođe kao „potonja reč".

Iako je živeo i radio pored odista genijalnog pesnika,[35] Medaković tvrdi da je ondašnje „naše knjižestvo" bilo bedno i da, posle „vjencenosnog" Mušickog, koji je „naša sjajna zvjezda", „nemamo rođenoga Genija..." Pa otkud to? Je li, možda, Medaković bio bez priođene sposobnosti da oseti poeziju i ono što je rađa? Polazeći od nekoliko plastičnih, dramatičnošću i lokalnom bojom bogatih fragmenata u knjizi o Njegošu (fragmenat o čitanju sporazuma između Njegoša i kotorske austrijske vlasti, o pucnjavi, mazgi i kišobranu, o beloj kavi u crmničkoga vojvode itd.), to se nikako ne bi moglo tvrditi. On-

---

[32] V. M. G. Medaković, *nav. delo*, 145.
[33] *Isto*, 174
[34] „Srbske novine", 1848, br. 84, prema Lj. Durković-Jakšić, *Srbijanska štampa o Njegošu i Crnoj Gori*, Beograd 1951, 163.
[35] „.... jedan pesnik, ponavljamo: najveći pesnik našeg jezika..." I. Andrić, *Trenuci nad Njegoševom prepiskom* u P. II Petrović Njegoš, *Izabrana pisma*, Titograd 1967, 8.

da je, može biti, uzrok mladost, jer Medaković je, kad je ovo pismo pisao, imao nepune 24 godine. Toga „uzroka" neosporno ima – to je jasno već iz naivnosti i pretencioznosti celog pisma. Pa ipak, mladost tu nije odlučujuća, jer, kao što smo videli, Medaković je prema Njegoševim pesmama bio „rezervisan" i u šezdeset i petoj godini. Glavno će ipak biti: uticaj škole, školske književnosti, tj. uticaj klasicističke poezije, zatim, da upotrebimo Skerlićeve reči, „metafizičarske i idealističke kritike", a verovatno i tada popularne idealističke estetike Đorđa Maletića, koji je, da opet navedemo Skerlića, uživao „glas prvog srpskog estetičara četrdesetih godina",[36] i koji je negirao *Gorski vijenac* zato što nije bio napisan po retoričkim obrascima „tri jedinstva" itd.

Iz ovog pisma vidi se da je Medaković bio kontradiktoran i u drugim pitanjima. Kruto privržen klasičarskim i pseudoklasičarskim uzorima, u nizu postavki koje je ovde izrekao iskazuje se kao pristalica romantičarskih ideja. To naročito važi za njegovo shvatanje genija, a pre svega za insistiranje na značaju narodnog jezika kao temelja jednoga naroda i njegove kulture, pri čemu će se u nekoliko mahova pozivati na Herdera,[37] čak u vreme kad je „slavenski duh", recimo, u nas dao Vuka, Njegoša, Prešerna i Mažuranića (*Smrt Smail-age Čengića*), a u Rusa, na primer, Puškina, Ljermontova, Gogolja itd., najzad za njegovu krilaticu da „slavenski duh još spava!" Ali Medaković je kontradiktoran i kad se radi o ovom, drugom delu same te kontradikcije. On će tvrditi da „naš duh ne može tako krasno sa svojom slavom blistati, ako u duhu svoga naroda i svojim slatkim jezikom ne djela", a sam, iako pretežno piše dobrim narodnim jezikom, u tome nije dosledan. Vukov se pokret dotakao i njega, ali se on ne drži Vukovih načela, osobito ne pravopisnih. Namerno, uporno se služi nekim svojim varijantom starog, predvukovskog pravopisa. U tome ostaje dosledan do kraja života, pa će to i objasniti u monografiji o Njegošu. Ističući da je „vazda tako pisao", navodi i razloge. Po-

---

[36] 107 J. Skerlić, *nav. delo*, 193–194.
[37] O uticaju Herdera na srpski romantizam v. kod D. Živkovića, *Evropski okviri srpske književnosti*, Beograd 1970.

sebno je bio protiv Vukovog pravopisa jer je smatrao da je on most ka latinici.[38]

„Narodnije pjesme Crnogorske", koje je Medaković obećao Tomazeu, zapravo su, kao što izlazi iz sledećeg pisma, crnogorske epske pesme koje je Njegoš, dodavši im još devet pesama o Karađorđevom ustanku, iz Vukove III knjige lajpciškog izdanja (1823), skupio i izdao u knjizi *Ogledalo srpsko*.[39] Iz sećanja M. Medakovića na svoju delatnost na Cetinju vidi se da je i on pomagao Njegošu oko zapisivanja ovih pesama.

Blagorodni i Visokoučeni Gospodine!

Mnogo počitano Vaše pismo od 11tog t. g. primio sam i veoma se radujem Vašem sovjetu, koji se našoj narodnosti i narodu odnosi. – Mi imamo ovde nešto i naše Arhive, koju ja namjeravam u poredak privesti, a među tim i sve ono, što je za našu povjestnicu koristno; izvadiću. Rukopisi svi naši po većoj su časti izdrti; daklen dosta će trudno biti kako treba u red staviti.

Narodnije pjesme Crnogorske, pod imenom: *Ogledalo Srbsko* poslao sam Vam preko G. Vladisavljevića, koje mislim, da ste dosad već primili. –

U drugom čemu ako Vas služiti mogu samo zapovijedajte; a ja truda za to žaliti neću. –

Oprostite, Gospodine! što nemogu obširnije Vam ovoga puta pisati.

Vi bi ste, Gospodine! u našemu narodu cijelu epohu mogli učiniti i bezsmrtnu slavu zadobiti: kad bi ste kao prvi duševnog saveršenstva muž sa kirilicom počeli pisati, koja je

---

[38] „Ima našije ljudih, koi odavna govoriše, dae ovaj novi pravopis most za latinicu; a bilo ih e takie, koi govorahu, još i to, da bi za nas oš naibole bilo, kad bi mi Srbi primili ne samo latinska pismena, nego i latinsku veru, pa da bi tako ušli u red izobraženie naroda, te nas ne bi mrzili i gonili, već da bi se za nas zauzimala većina prosviještene Evrope i da bi mi tiem načinom postali veliki i nezavisni. Ali se vidi po toku i razvitku događaja, kano i po postoećem, da su to sve prazne mašte..." V. M. Medaković, *nav. delo*, VIII.

[39] Beograd 1845.

Bukvica od najstarijeg vremena obšta bila svija Slavjana, koje je poslije samo vrijeme razdijelilo i neku neslogu među nas posijalo.
Sa visokim počitanijem ostajem

18. Travnja	Vaš
1847.	ponizni sluga
na Cetinju	i sonarodnik
U Černoj Gori	M. Medaković[40]

Iz ovoga drugog Medakovićevog pisma Tomazeu jasno je da je Tomazeo odgovorio Njegoševom sekretaru. Jasno je i to da je Tomazeo savetovao da se na Cetinju osnuje arhiv i da se u njemu srede i čuvaju sva za „povjestnicu korisna" dokumenta. Ovo je još jedna zamisao koja se uklapa u opšte poglede o narodnosti i čuvanju narodnoga blaga, zajedničke i Tomazeu i Medakoviću. M. Medaković, u „književnom objavleniju" o svojoj *Povjestnici Crne Gore*, ističući da je „pri rođenju ovoga djela iz najdostovjernijeg izvora dokazatelstva crpio, tj. iz same arhive crnogorske", kaže da je tu arhivu on „u red stavio".[41]

Medakovićev savet Tomazeu da piše ćirilicom, ma kako nam može izgledati neumesan, u potpunosti odgovara Medakovićevim stavovima o srpskom pismu i bojazni od uticaja latinice.

U oba ova pisma dolazi do izražaja Medakovićevo ogromno poštovanje Tomazea – veliko poštovanje Tomazea oseća se i u Njegoševim pismima. Ali Medaković i „posvaja" Tomazea, kako su to, uostalom, u ono vreme, pa i kasnije, činili mnogi u Srba i Hrvata.[42]

Na kraju, mišljenja smo da ova Medakovićeva pisma nisu samo dragoceni dokument o kulturnoistorijskoj klimi onoga

---

[40] Ova dva Medakovićeva pisma, diplomatički objavljena u ediciji „Naučni sastanak slavista u Vukove dane", 1978, 8, 159–168, ovde prilagođena savremenom pravopisu.
[41] „Šumadinka", 1850, br. 34, str. 142.
[42] O tome v. N. Stipčević, *nav. delo* 439–470, gde između ostalog stoji: „Mi, međutim, smatramo i dokazujemo da je Nikola Tomazeo italijanski pisac i da je to od početka svog spisateljskog života" (454).

vremena, o uzajamnim dodirima dvaju tada bliskih naroda, već su još jedna potvrda o prijateljskom odnosu između Njegoša i Tomazea pre njihova konačnog raskida. Najzad – dodatni podatak o ideji narodnosti koja je povezivala ovu dvojicu velikana i s njima Medakovića, ađutanta i sekretara Njegoševog.

JOVANOVIĆEV PREVOD METASTAZIJEVE DRAME

Godine 1846. U Novome Sadu, u štampariji Joana Kaulicija, jednoj od dve tada postojeće, objavljen je *Metastazijev Atilij Regul pozorišna igra u tri dejstva s pesmama od Dra Petra Jovanovića*. Prevodilac Jovanović, Srbin iz Ugarske, doktor filozofskih nauka i prava, bio je saradnik (pod pseudonimom „Srb-Ilir iz Bačke") „Serbskog narodnog lista", „Danice", „Magazina za hudožestvo, književnost i modu", „Peštansko-budimskog skoroteče", a urednik i izdavač almanaha „Bačka Vila" (1841–1845).[1]

Verovatno je Jovanovića, vatrenog Ilira[2], potpredsednika majske skupštine 1848, pisca članaka i, mahom prigodne, po-

---

[1] Petar Jovanović (1800–1855) rodio se u Novom Sadu, studirao u Budimpešti, Velikom Varadinu i Košicama (osim filozofije i prava, završio i kurs o poeziji), neko vreme bio profesor, pa zamenik direktora novosadske gimnazije Jovana Hadžića, zatim zamenik direktora pravoslavnih narodnih škola u Sremu, u isto vreme i advokat, a pred kraj života u Temišvaru inspektor srpskih škola za Vojvodstvo. Up. I. Jovanović, „Javor", 1880, 1114; I. Mamuzić, *Ilirizam i Srbi*, Zagreb 1933 (preštampano iz Rad JAZU, 247); V. Stajić, *Novosadske biografije* (iz arhiva novosadskog magistrata), Novi Sad, 1937, II, 133–141; P. Adamović, *Jovanović (Joannović) Petar* u *Leksikon pisaca Jugoslavije*, II, Novi Sad 1979, 617–618.

[2] U programskoj izjavi svom almanahu Jovanović se obraća svima koji se „imenom Slavjana" gorde; osim da pomogne razvijanju „narodnosti sveslavjanske" i sreći plemenitoga Srbina, želi da doprinese „utemeljenju književne sloge kod ilirski' jugozapadni', međusobnom rasprom slepo razjedinjeni' slavjana". Up *Predgovor* (nenumerisan), „Bačka Vila", 1841, sv. 1. To Jovanovićevo „ilirstvo" izazvalo je različite, mahom negativne reakcije i kod savremenika (žestoko ga u „Serbskom narodnom listu" napadao T. Pavlović „kao Srbina koji se poilirio"), a i kasnije, kad je, po našem mišljenju, stav pojedinih autora prema ilirskom pokretu uslovljavao i njihov odnos prema Jovanoviću. Dok Mamuzić s puno simpatije i uvažavanja govori o srpskom saradniku „Danice", Stajić se nega-

ezije, na ovaj, koliko je do sada poznato jedini prevod (doduše, nigde izričito ne stoji da je u pitanju prevod niti, samim tim, oznaka s kog jezika) u nas te Metastazijeve herojske melodrame, naveo sadržaj, a ne njen žanr, pa ni autor.

Naime, Jovanovićevo vreme nije bilo sklono Metastaziju i poetici njegovih melodrama. Pjetro Trapasi, kako mu je zapravo bilo ime, jedan je od onih, ne tako retkih primera u evropskoj književnoj tradiciji, kad pesnik, za života slavljen kao najčuveniji i najveći, posle smrti bude potpuno zaboravljen. Sama činjenica da je bio pesnik austrougarskog dvora – za svoga dugog života, 52 godine služio je trojici vladara: Karlu VI, Mariji Tereziji i Franju Josipu – savremenicima je potvrda njegove izuzetne vrednosti, a sledećoj generaciji dovoljan razlog da ga prezru kao austrijskog slugu.[3] Međutim, za zaborav postoje i književni razlozi. Iako je pisao raznovrsnu poeziju, Metastazio je pre svega tvorac i veliki reformator melodrame: on je revalorizovao poetski tekst u odnosu na muziku, drugu sastavnu komponentu ovog scenskog žanra. Za razliku od XVII veka, kad je melodrama publiku privlačila pre-

---

tivno izražava o Jovanoviću, „Bačkoj Vili" i njenom „upravo bednom" programu čija je jedina misao da „prokrijumčari" ilirstvo. Mamuzić razloge spora P. Jovanovića i T. Pavlovića vidi zapravo u konkurenciji između „Bačke Vile" (sa 765 pretplatnika) i „Serbskog narodnog lista".

[3] Savremenici su ga zvali „italijanskim Rasinom", „simbolom nacije", „nezaboravnim pesnikom". U Arkadiju je primljen 1747, a posle prvog velikog uspeha s *Napuštenom Didonom*, slava mu se širi i van granica Italije. Kad je Metastazio stigao u Beč, Italijani su imali veliki uticaj na kulturu austrijskog dvora, posebno u vreme vladavine Karla VI. Na dvoru se govorilo italijanski, i Metastazio, ka vek pre njega Marino u Parizu, nije se ni potrudio da nauči nemački. Kako kažu njegovi biografi, bio je dvorski pesnik, ali ne i dvorjanin: dosledno je odbijao razne titule i ordenje, pa čak i pesnički lovorov venac. O Metastaziju, osim Stendalove biografije iz 1815 (*Vies de Haydn, de Mozart e de Metastase*) i: G. Natale, *La vita e le opere di Pietro Metastasio*, Livorno 1921; C. Culcasi, *Metastasio*, Torino 1935. i danas još aktualna (fundamentalna) studija: M. Fubini, *Pietro Metastasio* u *I classici italiani*, Firenca 1940. Od novije literature, između ostalog: E. Sala Di Felice, *Ideologia, drammaturgia, spettacolo*, Milano 1983; G. Gronda, *Le passioni della ragione. Studi sul Settecento*, Piza 1984; *Metastasio e il melodramma*, Padova 1985. Časopis „Italianistica" posvetio je 1984. ceo broj (XIII) ovom „pesniku i teoretičaru, prozaisti i pozorišnom čoveku".

vashodno spektakularnošću i muzikom, u XVIII veku širom Evrope privlači je tekstom. Metastazijeva melodrama *Napuštena Didona* imala je, na primer, 200 muzičkih obrada! Međutim, u XIX veku, kad naš Jovanović prevodi *Attilio Regolo*, melodrama ustupa mesto operi, novoj fazi razvoja tog muzičko-scensko-književnog oblika, u kojoj trijumfuje muzika, a libreto služi samo za inspiraciju velikim kompozitorima Rosiniju, Beliniju, Donicetiju, Verdiju. Dakle, tom veku nije odgovarala neangažovanost Metastazijeve poezije, „isuviše skladan odnos sa svetom u kojem je pesnik živeo".[4]

Ali ako Metastazio ni kao ličnost, ni kao autor nekada slavnih, a tada prevaziđenih melodrama, više nije mogao biti blizak Jovanoviću, priča o rimskom konzulu koji je i svoju smrt umeo da iskoristi za dobrobit otadžbine, mora da mu se učinila privlačnom. Očito je i Jovanović, kao i mnogi drugi koji su se u ono doba (tridesetih-četrdesetih godina) u nas, na ovaj ili onaj način, bavili scensko-dramskom umetnošću, verovao u didaktičku moć pozorišta, pa mu je Regul, sav „patriotizam i slava", „dobar građanin, dobar ratnik i dobar otac",[5] mo-

---

[4] U literaturi o Metastaziju insistira se na pesnikovoj „savremenosti", na potpunom razumevanju pesnika i društva njegovog doba što su De Sanktis, a potom, pod njegovim uticajem, i mnogi drugi kritičari smatrali negativnim – „skoro servilno potčinjavanje ukusu i očekivanju publike, i one s dvora i one iz naroda". Tek poslednjih decenija javljaju se pokušaji da se prekine sa stereotipima u ocenjivanju Metastazija i njegove umetnosti. S jedne strane, ističe se značaj teatarske dimenzije Metastazijevih tekstova, a s druge – Metastaziju se priznaje svest o društvenoj funkciji umetnosti. O tome: E. Sala Di Felice, *Storicità del Metastasio*, „Problemi", 1979, n. 56, 288-302. Problemom recepcije i „fortune" Metastazija kod savremenika i kasnijih kritičara i čitalaca bavi se W. Binni, *Pietro Metastasio* u *I Classici Italiani nella storia della critica*, vol. II (*Da Vico a D'Annunzio*), Firenca 1967, 46–88.

[5] Ovako ga, u pismu svom muzičaru Adolfu Haseu 20. oktobra 1749, opisuje sam autor (P. Metastasio, *Opere*, Milano–Napulj 1968, 661). Atil Regol je rimski konzul 267. pre Hrista, koji se, posle pobede u pomorskim bitkama, iskrcao u Africi, gde su ga Kartaginjani zarobili. Metastazio se bavi herojskotragičnom epizodom iz Regolovog sužanjstva: Kartagina šalje zarobljenog Regola u Rim da, u zamenu za sebe i ostale zarobljenike, dobije ugovor o miru. Senat Rima, na opšte odobravanje Rimljana koji su oduševljeno dočekali svog junaka, pristaje na sve uslove, ali ga Atil ubeđuje da to ne čini, jer su uslovi Kartagine štetni po Rim. Na

gao izgledati kao valjan primer za ugled srpskom narodu. Regulov uzoriti moralni čin, iako nije iz srpske istorije, mogao je da pouči, da bude sredstvo moralnog i nacionalnog vaspitanja.[6] Možda su to bili osnovni, ako ne i jedini, razlozi koji su naveli Jovanovića da prevede ovu melodramu, napisanu za proslavu imendana Karla VI Habsburškog 1740 (pošto je u međuvremenu vladar umro, melodrama je, s muzikom Johana Hasea, izvedena tek 10 godina kasnije, i to na zahtev Augusta III poljskog, na karnevalu u Drezdenu; priča se: vrlo uspešno!).

A kakav je Jovanovićev prevod? Šta je u novom, srpskom ruhu ostalo od Metastazijeve herojske melodrame? Prvo, verovatno je Jovanović prevodio s nemačkog. Na to nas, pored činjenice da je prevodilac znao nemački, da je melodrama izvedena na nemačkom već godinu dana po premijeri i da postoje nemački štampani prevodi, upućuju kao bliže objašnjenje triju pojmova[7] i tri nemačke reči u zagradi (samo u prvom izdanju). Drugo, možemo samo pretpostaviti da se Jovanović služio i originalom. Da je znao latinski, to je sigurno,[8] a kako je znao može nas uputiti precizan prevod niza latinizama (osim, ukoliko to nije zasluga nemačkog prevoda). Da je znao italijanski, nažalost, nemamo dokaza.

---

užas Rimljana i očaj svoje dece (tipičan sukob ljubavi, ovde roditeljske, i dužnosti), on se vraća u Kartaginu, gde ga očekuje sigurna smrt.

Attilio Regolo egzemplarni je model herojske melodrame. Metastazio je najviše cenio ovu svoju melodramu. Savremenici su je slavili, ali Kardučijevo dobro mišljenje u kasnijoj kritici predstavlja retkost (pesnik je želeo da se svakog Božića ova melodrama prikazuje na rimskom Kapitolu, i to s dostojnom muzičkom pratnjom).

[6] Indikativan je za Jovanovićevo shvatanje književnosti moto prvom broju „Bačke Vile": *„utile dulci (Horacije) i s voskom med* (narodna poslovica)".

[7] Na str. 11 (*Lösegeld* za *otkup*), 83 (*Zunftmeister* za *tribun naroda*), 84. (*Meineid* za *krivda*). Postoji još jedno, kasnije izdanje ovog prevoda, izašlo u Pančevu kod Braće Jovanović, bez oznake godine (svakako, posle 1870, kad su Kamenko i Pavle osnovali štampariju), štampano novim pravopisom, u naslovu izostavljeno „s pesmama", naznačeno je da je prevod, ali ne i s kog jezika, nisu unesene ove tri nemačke reči.

[8] Jovanović je u trećem razredu prešao u „gramatikalne latinske škole". U to doba u ugarskim školama sticano je klasično obrazovanje.

Uopšte, čudnovata je stvar s ovim prevodom. S jedne strane, Jovanović izuzetno verno[9] prati tekst originala: ne skraćuje ga, ne dodaje mu i ne parafrazira, pa je ta vernost, u poređenju s drugim prevodima italijanske književnosti toga doba, a i kasnije, odista neobična. S druge strane, opet, prevodioćeva jedina promena u stvari zadire u samu strukturu, pa tako i u osnovna obeležja datog žanra.

Kao što je poznato, italijanska melodrama, nastala krajem XVI veka iz pastorale, spoj je dveju osnovnih komponenata: poetske, odnosno tekstualne, i muzičke, koje s elementima scenografije, baleta i pantomime čine umetničko delo sinkretizma *par excellence*. Sama poetska komponenta sastoji se od tako-zvanih *rečitativa*, koji predstavljaju dramsku radnju i narativna su osnovica teksta, i lirskih delova, datih u takozvanim *arijama*. Jedno od bitnih žanrovskih obeležja scenske poezije je njena metrička strana, koju je u poslednjoj fazi razvoja ovog muzičko-dramskog dela kodifikovao upravo Metastazio. Jedinstvo, a istovremeno suprotstavljanje dijaloških i lirskih delova, u osnovi je strukture melodrame. Ta opozicija ostvaruje se smenjivanjem *setenarija* i *endekasilaba* (italijanskih sedmeraca i jedanaesteraca), bez utvrđene šeme rimovanja, u partijama *rečitativa*, i u kratkom, metričkom obliku, obično u dvema strofama međusobno povezanim jednom ili više rima, u partijama *arija*. Na toj osobenoj polimetriji, kojom je snažno izraženo jedinstvo, odnosno suprotnost između dramsko-narativnog i lirskog elementa, zasniva se i tekstualna podloga muzičkoj komponenti.

Jovanović je, međutim, *rečitative* preveo prozom, a *arije* zadržao u stihu, i to uvek dužem od originala.[10] Uvodeći pro-

---

[9] Neke karakteristike Jovanovićeva rečnika: služi se turcizmima (*sokaci* za *vie*, *basamak* za *scala*), arhaičnim (npr. rusizmom *vitija* za *orator*) i retkim rečima (*posebnik* za *privato*); *littore* za pandur (Jovan Grčić će u prevodu Metastazijevog *Tita* iz 1891. zadržati *liktori*).

[10] I u slučajevima kad prevodi istim brojem stihova (od 22 arije u 6 se toga ne pridržava), Jovanović ne prenosi originalnu šemu rimovanja što, s obzirom na Metastazijevo, za ono vreme vrlo slobodno, smenjivanje rimovanih i nerimovanih, paroksitonih, proparoksitonih i oksitonih stihova, ne bi ni bilo jednostavno. Međutim, iz nekoliko slučajeva stiče se utisak da je osećao određene Metastazijeve (ili eventualno prevodiočeve)

zu, narušio je metričku, ali ne i samo metričku strukturu poetskog teksta, tako da to u stvari više i nije melodrama, već, kako ju je i sam nazvao, „pozorišna igra u tri dejstvija s pesmama." Očito povučen sadržajem, Jovanović je, zadovoljavajući horizont očekivanja svoje publike, željne a i naviknute na drugačije dramske tekstove, prilagodio italijansku melodramu već poznatim i prihvaćenim scensko-dramskim delima nemačkog porekla (odnosno francuskog preko nemačkog). A osnovna razlika između italijanske melodrame i melodrame ovog drugog tipa, koji u stvari predstavlja poseban scensko-muzički žanr (kod Italijana je i drugačijeg naziva: *melologo*) jeste što u italijanskoj melodrami muzika i poetski tekst koegzistiraju i čine jedinstvo, dok se u nemačkoj reči i muzika smenjuju, a vokalne partije služe kao komentari ili najave književnog teksta. Pošto je četrdesetih godina XIX veka uzeo da prevodi italijansku melodramu, Jovanović uvažava i osnovnu, moralističko-didaktičku tendenciju savremene mu melodrame i literature za koju se i on zalagao.[11]

Metastazijev prevod nije imao velikog odjeka i predstavlja samo malu kariku u razvitku srpske drame, odnosno u stvaranju i obrazovanju srpske pozorišne publike. Njegov značaj je mnogo veći za srpsko-italijanske kulturne i književne veze, koje su se često ostvarivale zaobilaznim, ponekad i jedva dokučivim putevima.

---

metričke karakteristike. Tako, na primer, metričku dominantu završetka i povezivanja strofe oksitonim stihom na suglasnik, Jovanović prenosi tako što strofu s ženskom rimom završava parnom muškom rimom.

[11] Ova melodrama izvedena je na nemačkom prvi put bez muzike, u stvari kao tragedija. Uostalom, pesnikovim savremenicima glavni argument u odbrani Metastazijevih melodrama bio je da su pisane po ugledu na grčke tragedije, da su melodrame kad se izvode s muzikom, a tragedije kad se čitaju. A i sam Metastazio u komentarima Aristotelove, kao i Horacijeve *Poetike*, tvrdi da su njegove drame zapravo obnovljene grčke tragedije.

STAVOVI DRAGIŠE STANOJEVIĆA O PREVOĐENJU *BIJESNOG ROLANDA*

U Srpskoj književnoj zadruzi prvi put je o Stanojevićevom prevodu *Bijesnog Rolanda* bilo reči 11. juna 1895. godine, na njenom trideset i trećem redovnom sastanku. Obaveštena od nekolicine svojih članova da Dragiša Stanojević[1] ima gotov prevod Ariostova speva, uprava Zadruge odlučuje da upita Stanojevića bi li za Zadrugina izdanja ustupio svoj prevod a i da se konkretnije dozna o njegovom kvalitetu. Na idućem sastanku, uprava SKZ već ima Stanojevićev pristanak pa i, uglavnom pozitivno, mišljenje o prevodu.[2] To mišljenje, u pismu tajniku Zadruge Lj. Stojanoviću, iznosi državni savetnik u penziji Jovan Đaja koji se, osim novinarstvom i politikom, bavio i prevođenjem s francuskog i italijanskog jezika.

Ističući potrebu da se objavljuju „valjani prevodi uzoritih proizvoda iz tuđine", Đaja, „u međama svog razumevanja srpskog i italijanskog jezika i njihove književnosti", ocenjuje da je prevod dobar i da Dragiša Stanojević do skrupuloznosti „cedi" korektnost jezika, stiha i slika što, doduše, smatra Đaja, ponegde dovodi do izvesne nategnutosti. Bilo bi, uostalom, preterano od prevodioca zahtevati tečnost i lakoću teksta koja je, kako je i sam rekao, i Ariostu „velikih muka zadala".

A pored mišljenja da bi izdavanje ovog Ariostovog speva značilo lepu dobit za našu književnost, Đaja daje i konkretne predloge o načinu izdavanja: Stanojevićev prevod trebalo bi

---
[1] Dragiša Stanojević (1844–1918), političar, publicista i prevodilac, „u mladosti republikanac i socijalist, u zrelom dobu radikal pa otpadnik od radikalne stranke" (M. Jovanović, *Izabrani spisi Dragiše Stanojevića*, Novi Sad 1957, 5), vrlo neobična i plodna ličnost o kojoj Skerlić govori u *Svetozar Marković*, Beograd 1922.
[2] Zapisnik s redovnog sastanka uprave SKZ od 11. VI 1895. i od 1. VIII 1895. Arhiv SKZ.

izdati u dve godine, svake godine po dve sveske. Na kraju pisma dodaje da bi "skaradne epizode" i pojedine izraze trebalo izostaviti ili ih, gde god je to mogućno, ublažiti, dok bi oko 500 primeraka moglo da se štampa bez ikakvih izmena.[3]

Nakon Đajinog mišljenja, uprava SKZ donosi odluku o štampanju *Bijesnog Rolanda* („garmondom pariskim"), u dva izdanja, od kojih jedno, u 500 primeraka, „celokupno", a drugo s izostavljanjem onih mesta „koja se obično izostavljaju u talijanskim izdanjima za omladinu". Skraćeno izdanje, namenjeno Zadruginim pretplatnicima, treba da iziđe u tri knjige, po jedna u IV, V i VI kolu, a celovito, namenjeno pojedinim kupcima, u jednoj, obimnoj svesci, koja bi se pojavila uporedo s po-slednjom sveskom skraćenog izdanja.[4]

I upravo ova odluka i početak njenog sprovođenja izazvali su dugačak, i većim delom gotovo monološki, spor između Dragiše Stanojevića i uprave SKZ. Uprava je očigledno imala svoj stav o odnosu prema delima koja objavljuje kao i o njihovom moralnovaspitnom delovanju na čitaoce. A imala je, verovatno, i svoj stav o samom Dragiši Stanojeviću, po majci od Nenadovića, a sinu Jeremije Stanojevića.[5] Ne obazirući se mnogo na Stanojevićeva pisma i ne iznoseći ih redovno na svojim sastancima, nastojala je da se drži svog stava i pri izdavanju *Bijesnog Rolanda*.

Uprava SKZ nije nam ostavila nikakvo izričito obrazloženje odluke o štampanju prevoda u dva, različita, izdanja, i mi ga, eventualno, možemo izvesti iz nekolikih „okolnih činjenica". Prvo, članovi Zadrugine uprave bili su uglavnom ljudi konzervativnih shvatanja. Potom, među svojim dobrotvorima, osn-ivačima i ulagačima Zadruga je imala i jednog kralja, jednog prestolonaslednika, nekoliko kraljevskih namesnika, više ministara i državnih savetnika, mnoštvo crkvenih velikodostojnika, nekoliko hadžija i sreskih načelnika, mnogo trgovaca

---

[3] Prilog zapisniku s redovnog sastanka uprave SKZ od 1. VII 1895. Arhiv SKZ.

[4] *Isto*

[5] U atmosferi protiv Stanojevićâ, koji su bili u opoziciji knezu Mihailu, Dragiša Stanojević je čak bio „petljan kao saučesnik u ubistvu kneza". M. Jovanović-Stojimirović, *Siluete starog Beograda*, Beograd 1971, 390.

i svakojakih zanatlija (od ćurčija do sapunara), a svojim pravilima bila se obavezala da „stvara knjižnicu za sve redove naroda".[6]

Za razliku od SKZ, Dragiša Stanojević je ostavio za sobom devet pisama[7] u kojima, veoma opširno ali činjenično i logično, daje obrazloženje svoga stava da prevod *Bijesnog Rolanda* treba štampati samo u jednom, neskraćenom izdanju – „celokupno, netaknuto".

Međutim, u silnoj želji da mu prepev ugleda svetlo dana („Ja nisam prevodio Rolanda da on čami u mraku arhive upravine..."), a priteran neimaštinom („Ja sam vrlo siromašan srpski književnik", a „živ čovek, ma on bio i srpski književnik, mora da jede"), Stanojević sa Srpskom književnom zadrugom potpisuje „pravovaljan" ugovor o objavljivanju Ariostovog epa u dva izdanja ali s tim da, kako je u pismu 4 naglasio, „niko nema da barata" po tekstu, „no da označi šta treba izmeniti", pa da to učini on.[8]

---

[6] Pravila SKZ, čl. 1 (dodatak I knj. SKZ D. Obradović, *Život i priključenija*, Beograd 1892). Ovome možemo dodati i izjavu jednog člana Zadrugine uprave koji je, prema svedočenju Stanojevića, rekao da bi „on lično voleo da se taj ep štampa bez izostavljanja", da „čak ne misli da bi veće varoši srpskog jezika... što zamerile, ali da on mora da razabira i o tome šta će reći onaj čitalac iz Knina: on će osuditi". To je pobudilo vrlo jaku Stanojevićevu reakciju: „Kakav sofizam! Ne može ukus jednog trgovčića iz Knina, koji će ja pročitati ja ne pročitati Rolanda davati ton srp. književnosti, i da ga ne bi on davao, zato se i ustanovljavaju društva kao srp. knj. Zadruga." (Pismo 3. od 13. VIII 1895)

[7] Pisma koja se čuvaju u Arhivu SKZ objavila MZ u „Zborniku Matice srpske za književnost i kulturu", knj. XX, 1972, sv. 2, 386–408.

[8] „Preda mnom je pala reč da je Zadruga kupila od mene Rolanda i da može činiti s njim šta hoće? To nije istina da ona može činiti šta hoće. Tako na pr. ona u njega ne može zavijati sir, a još manje menjati tekst – ni po sadržini ni po obliku. Ona se obavezala da njega pečata u tom i tom kolu knjiga. I moje i njene dužnosti (i prava) tačno su pobrojene.

Kada se u ugovoru pobrajaju međusobne obaveze ugovorača (pa još pod numerom!) zakon (i logika) ne dopušta „šire tumačenje" po analogiji, običaju itd. Ugovor menja čak i zakon toli praktiku, običaj... Što se dakle izmena tiče može biti samo tih iz tačke 5. i na taj način. Izmene su precizirane ugovorom. Nove, kakve druge izmene mogu se činiti samo s mojim pristankom.

Zadruga ne kupuje knj. radove od pisaca... tačka 1 našega sporazuma ne veli da Zadruga kupuje od mene 'Rolanda' no ga '*prima*' i *obave*-

Ali, kad je došlo do prvih konkretizacija načelnog sporazuma o izmenama, kad se na prvim primerima videlo šta sve Zadrugini „cenzori" traže ili mogu tražiti da se prekraja ili izostavlja, užasno se od besmislenosti i neizvodljivosti posla. Skraćeni ili doterani *Bijesni Rolando* ne bi više bio „umna tvorevina jednog velikoga, skroz slobodoumna mislioca Ariosta", već „umna nakaza" udešena prema „jezuitskom mračnjaku Bolci".[9] S druge strane, menjanje ili izostavljanje jedne epizode zahtevalo bi izmene i skraćivanje, a da bi se sve to dosledno izvelo, bio bi potreban „nov neki Ariosto".[10]

I Stanojević, u devet pisama i opširnom Prilogu sedmom pismu, nastoji da privoli upravu SKZ da odustane od odluke i

---

zuje se da ga pečata... za to svoje *izdanje* (ona izdanje kupuje a ne „Rolanda") plaća mi honorar. Zadruga je dakle kupila *upotrebu* za izvesno vreme moga prepeva, a nikako *svojinu*: ona je 'Rolanda' uzela *pod kiriju*. Kiridžija (ako to nije *naročito* ugovoreno) nema pravo da provaljuje ili zaziđuje vrata, da od vrta pravi napr. cigljanu, od podruma konjušnicu, od sale kujnu, od tavana kokošinjak. Prema ugovoru našem ni jedno se jota u tekstu 'Rolanda' ne može izmeniti bez moga pristanka (osim onoga pod tač. 5), a ja sam gotov čitave stihove da menjam prema umesnoj primedbi, ako *ja* nađem da je umesna."

[9] Giambattista Bolza (1801–1869), italijanski leksikograf, prevodilac i populizator nemačke literature. Rodio se na Komu, veći deo života proveo u Beču, gde je i po-krenuo i uređivao časopis „Rivista viennese". Objavio *Vocabolario genetico etimologico della lingua italiana* (1852) i pripremio jedno izdanje Ariostova *Orlanda*. Stanojević Bolcu naziva jezuitom očito u moralnom smislu, u spisku jezuita (*Bibliothèque de la Compagnie de Jesus*, Nouvelle Edition par Carlos Sommervogel, Bruxelles – Louvain (1889–1960), uostalom, njegovog imena nema.

„Bolcin Rolando ima onu istu knj. vrednost, koju bi imale npr. srp. nar. pesme (kojima se jedan Gete bavio) kad bi kakav visokoučeni nadripesnik seo pa te pesme menjao, kresao, što njegovom nadri-ukusu ne godi izostavljao, jednom reči – te geačke umotvorine 'ulepšao i popravio' tj. onakazio, pa onda to svoje umno čudovište štampao kao – srp. nar. pesme. Ono što bi, ne sumnjam, svaki član upravo mislio o *tim* i *takvim* srp. nar. pesmama, to isto trebalo bi da misli i o Bolcinom Rolandu". „Bolca, neznan i neviđen u svojoj otadžbini, ukoliko pak znan i viđen, davno već zaboravljen, a u svoje vreme prezren kao jezuita od svega što je napredno u Italiji, nikad nije mogao sanjati da će nekada vaskrsnuti u Srbiji i po njoj širiti moral" – kaže Stanojević u 3. pismu, 13. VIII 1895.

[10] „U ovom spevu tako je to sve jedno za drugo tesno skopčano u jedan lanac, da je opasno i jedan beočug izvaditi: jedna izmena povlači za sobom kroz ceo ep puno drugih, koje ako se ne učine grozi tma i tušta ne-

ugovora o „cenzurisanom i masakriranom" izdanju. Čini to s neobičnom upornošću, s navođenjem mnogih činjenica-argumenata, logički ubedljivo, duhovito, pa ponekad i zajedljivo. I čini to kroz godinu dana, ne posustajući ni po izlasku iz štampe prve sveske „prekrajanog" izdanja.

Neka Stanojevićeva pisma predstavljaju gotovo prave eseje o poeziji i njenoj tehnici, o odnosu poezije i morala, o obavezama i pravima prevodioca i izdavača, o nesolidnosti naših književnih poslenika, osobito redaktora.

U tim pismima Stanojević izlaže i svoja shvatanja poezije, što mu biva i osnova za argumentaciju pri spasavanju Ariosta (pa i sebe) od Bolce. Ima u tim shvatanjima mnogo uprošćavanja, proizvoljnosti i jednostranosti. Dok na jednom mestu kaže: „Što je u njoj (umetnosti) više života", to ona „jače utiče na naša čula i lakše prodire do naše duše, dakle bolje postizava svoju svrhu", na drugom će: specifičnost pesništva je „u prevazi oblika nad sadržinom". Za njega se razlika između naučne i umetničke istine sastoji u tome što naučnik traži i iskazuje istinu, a pesnik „opisuje događaje i ljudske doživljaje", što ne može činiti „a da u isto vreme ne iskazuje i osećaje i mi-

---

doslednosti i protivrečnosti, a njih opaziti, pohvatati i uklopiti u moru od blizu 40.000 stihova, odista ne bi bio lak posao. Da bi se sve dosledno izvelo, trebalo bi preraditi ceo ep Ariostov, i to ne samo da ne bi više bio Ariostov spev, nego za samu tu preradu trebao bi nov neki Ariosto" (Prilog Pismu 7). Na drugom mestu Stanojević pokušava da objasni nemogućnost izbacivanja u konkretnom slučaju: „U svom pismu od 23. maja 96, tajnik mi veli: 'Meni se čini, da vrlo zgodno možemo izostaviti ceo 1809 i 1810 strofe, a da ipak ima veze... i da bi tako bila najlakša popravka'. On i ne sluti kakav mi zločin prema 'Rolandu' predlaže. *Te dve strofe temelj su celoj zgradi speva. Izostave li se one, pašće zgrada.* Da bi se o tome uverili, evo vam u nekoliko reči plan celog epa: Rolando ludi za Anđelikom. Ona ga neće. Beži od njega. Natrapa na mladića Medora. Zaljubi se u istog... Ele, ako se Medor i Anđelika ne vole *silno* (o čemu one dve strofe pričaju), *neće* svojim imenima šarati grmove i stene (o čemu se takođe govori u strofama), i onda *neće* Rolando ta imena pročitati, pa naravno *neće* ni pobesneti; dalje, Astolfo *neće* ići na mesec po njegovu pamet, *neće* biti onoga što je *najlepše* u njegovom spevu: satire, humora, filosofije pri opisu izgubljenih stvari, jednom reči, *neće* biti 'Besnoga Rolanda' " (Pismo 9, od 1. VII 1896). Analiza prevoda Ariostovog speva: S. Musić, *Dragiše Stanojevića prevod „Bijesnog Rolanda"* u „Uporedna istraživanja", 1, Beograd 1976, 587–600.

sli" svojih junaka, jer osećaji i misli epskih junaka nisu ništa drugo do „osećaji i misli samoga pesnika". Međutim, smatra da je stih nepogodan za dramu (drama sa „vrlo tečnim ritmom i zvučnim slikom" mogla bi „biti smešna"). Inače, bez imalo kolebanja tvrdi da je stih „najviši rod umetnosti" (četiri glavne vrste umetnosti idu ovim redom: stih, muzika, slikarstvo, vajarstvo".[11]

Ipak, ni ove protivurečne tvrdnje u suštini ne umanjuju vrednost Stanojevićeve odbrane neprikosnovenosti *Bijesnog Rolanda*. Svojim stavom i rangiranjem Ariostovog epa u četiri „prva klasična epa" (*Ilijada, Bijesni Rolando, Eneida, Oslobođeni Jerusalim*),[12] koliko je evropska književnost „mogla za tri tisuće godina proizvesti", privodi čitaoca bezuslovnom zaključku da SKZ može iz svojih razloga i obzira i da ne izda Ariostov ep, ali da bi to bio „vrlo skvrn posao cenzurisati jednoga đenija kao što je Ariosto".[13]

Osobito je ubedljiv Stanojević u argumentaciji svojih stavova kad se služi istorijskim paralelama: na primeru kako su Nemci objavili prevod *Bijesnog Rolanda*, još 1829 – u vreme „najveće mračnjačke reakcije u svetu" – štampan je od reči do reči, i „ništa nije izostavljeno, ništa ublaženo" (to izdanje preštampala je kasnije „kolosalna Universal Bibliothèke, name-

---

[11] „Umetnosti... koje opažamo uhom, a ne okom, umetnosti koje nam govore, stih i muzika, savršenije su vrste umetnosti od slikarstva i vajarstva". A „stih *jasnije govori* od muzike..." „K savršenstvu oblika može pesnik težiti bez ograničenja samo u lirici i epopeji. Samo u tim dvema vrstama poezije može on neograničeno stavljati u pokret svu silinu svoga đenija da se što više približi idealu: lepa misao u lepom obliku."
Stanojević je, pored rasutih, usputnih, međusobno često kontradiktornih misli, svoje shvatanje umetnosti, i posebno književnosti, najdoslednije iskazao u Prilogu Pismu 7 (*Čitaocima*) , koji je predložio da se, pošto se odustane od izmenjenog i pristupi jednom jedinom, celovitom izdanju, objavi kao Zadrugin pogovor.

[12] „Ep, taj najviši oblik poezije i umetnosti, taj spomenik ozidan za besmrtnost... stvorila je i dala čovečanstvu samo evropska književnost: drugde ga nema". A u napomeni uz ovaj tekst: „Divne umne tvorevine ostalih pesnika, kao što su Klopštokova *Mesijada*, Puškinov *Onjegin*, Vilandov *Oberon*, Kamoesova *Luzijada*, Miltonov *Izgubljeni raj*, Bajronov *Don Huan*, pa i sama Omirova *Odiseja* upoređena sa ona četiri monumenta epske poezije, dolaze u prisenak" (*Čitaocima*) .

[13] Pismo 1. od 11. VIII 1895.

njena da za malu cenu širi knjige po narodu"), a u Srbiji, pri kraju XIX veka, Rolando treba da izađe kao „Bolcin manastirski Rolando".[14] Ili kad u prilogu *Čitaocima* govori da treba praviti razliku „između slobode u izrazima i dikciji jednoga velikoga pesnika, i slične slobode u današnjoj vašarskoj književnosti", kao što se razlikuje „i nagota na slici ili kipu jednoga velikoga umetnika, od nagote skarednih slika, koje se viđaju po izlozima raznih špekulanata". Ili, kad za paralelu uzima Bibliju. Poznato je, veli on, da biblijski „sveti oci" „kad valja žigosati ljudska nevaljalstva, naročito polni razvrat", govore „jasnim i surovim jezikom svoga moralnoga gneva". Pa zar bi Bibliju Srpska književna zadruga – pita Stanojević – ako bi se jednom poduhvatila da je izda, „menjala po Bolci i popravljala Vuka i Daničića"?[15] Ili pak, kad, braneći slobodu Ariostove slike i izraza, pokazuje kako Ariosto, „ma da se služi jakim izrazima i priča događaje tugaljive prirode, svuda, humorom, sa-

---

[14] „Stotine godina prevodi se Ariosto na sve evropske jezike. Samo na nemački 'Rolando' je bio dosad jedanaest puta preveden. Ja sam tako drzak da evo a priori tvrdim da on nije mogao biti preveden ni na jedan od tih jezika po izdanju kakvoga Bolce. A danas što no reč 'pri kraju 19. Veka', traži se da se na srpski, i to prvi put, prevede po takvom izdanju . Grdna pogreška..." „Ako bi Zadruga ostala i dalje pri moralu jednoga Bolce, onda ne samo Ariosto no i Šekspir i Bajron postaju nepodesni za izdanja Zadrugina. Ja sam mislio da za Zadrugu osim Tasa prevedem i Bajrona tj. njegova Don Huana. Onda treba da ovaj poslednji posao batalim, jer svaka stanca u Don Huanu jedan je duhoviti, divni, ali i nestašni 'vic'. (Pa ipak Don Huan se čita , i to ne u prevodu, i to u zemlji, gde ne smete reći gaće) ."

„Đeniji, kao što su Šekspir, Ariosto, Bajron nisu mogli pisati za - *inštitutke*. Da su pisali, ne bi bili đeniji. Pisali su za *normalna, potpuna čoveka* (kakva će kasnije biti i inštitutka, samo nek se malo strpi) . Ja mislim da se ni izdanja Zadrugina ne mogu upravljati prema inštitutkama, inače uskoro neće više imati šta izdavati". (Pismo 1. od 11. VIII 1895)

[15] „*Sveto Pismo* nije samo sveta knjiga naše vere, nego je ono i jedna knjiga velike literaturne vrednosti. Međutim, Sveti oci koji su ga pisali, koji inače obično govore u alegoriji i figurama, kad valja žigosati ljudska nevaljalstva, naročito polni razvrat, ne govore više u figurama... Tu je puno izraza koji se – ne čuju po salonima. Da Bibliju ne mogu čitati devojčice, poznato (je). Sveti Oci nisu bili tako čedno vaspitani, kao današnje – Parizlije i Bečlije. Dalje. Tu knjigu Svetih otaca preveli su na srpski Sveti oci srpskoga jezika, Vuk i Daničić. To je knjiga najpravilnije i najčistije i najklasičnije napisana srpski. Iz nje se srp. književnici uče či-

tirom i gnevom pesničkim ismeva, žigoše i kazni svako nevaljalstvo pa i ljubavni razvrat" i „na kraju računa" imamo duhovitu i „sasvim moralnu satiru".[16]

Stanojević se u pismima SKZ mnogo bavi pitanjem morala i moralista, i „opasnosti" od Ariostova epa po omladinu. Borbu protiv „kresanja" *Bijesnog Rolanda* prema „osetljivom moralu" moralista vodi sa stanovišta: „U nauci o vaspitanju omladine zna se za lažni, jezuitski, farisejski moral, i za moral prema zdravoj prirodi čovekovoj". Ovo stanovište efikasno pomaže prevodiocu Ariostovog epa da pokaže nazadnost i besmislenost moralizatorsko-cenzorskih pretenzija prema velikim umetničkim delima, da pokaže kako bi ovakvo prepravljeno izdanje *Bijesnog Rolanda* služilo samo za „zabavu publike", pa bi od cilja koji je Ariosto njime hteo da postigne (da „peva lepotu, da zabavlja i da širi filosofiju") ostalo samo zabavljanje, a zadatak SKZ je da publici da „više umno i duhovno uživanje".[17]

Ceo ovaj dugačak spor nestrpljivog i neumornog prevodioca *Bijesnog Rolanda* sa sporom upravom SKZ završio se na izvestan način kompromisom. Uprava SKZ sprovela je svoju odluku o dva izdanja, o izmenjenom i celovitom, ali nije uspela da izmenjeno sasvim prilagodi „italijanskim izdanjima za omladinu". Prevodilac se uporno suprotstavlja Zadruginom postupku, neprekidno dokazujući neopravdanost i promašenost menjanja, ali i pored toga za sve to vreme i sam vrši izvesne izmene, pa su čak i njegove neke ocene pretrpele odgo-

---

stom srp. jeziku i stilu klasički narodnom. No ta sa vrlo mnogo gledišta tako korisna knjiga, svakim je danom sve reða. Uzmimo da se uprava S. K. Zadruge reši da je odštampa. Bi li ona menjala Sv. Pismo po kakvom Bolci i popravljala Vuka i Daničića? Ne bi."

[16] Pismo 1, od 11. VIII 1895.

[17] „Vi, gospodo, i bez mene znate, da jedino *zabavljati* publiku nije vaša zadaća. Ona je mnogo uzvišenija, ona je u ovome: pribaviti publici *više umno i duhovno uživanje* čitanjem srpskih i svetskih velikana. Ja ću vam dokazati kao jasnu istinu da biste vi, prekrajući B. Rolanda pribavili našoj publici, ne tu uzvišenu nasladu, već onu najobičniju zabavu, kojoj je smer: dembelima pomoći da utuku dugo vreme... *B. Rolando* svojim lavirintom čarobnih priča veoma je zabavan. Ta je zabavnost pesniku samo oruđe da dođe do svojih viših pesničkih svrha". (Pismo 8, od 31. V 1896)

varajuće promene. U prilogu pismu 4. on piše: „Ovaj Ariostov ep ima jednu poveliku, *nećemo reći manu*, ali svakojako *nezgodu* za naše doba i srpsku publiku". A u štampanom pogovoru četvrtoj (poslednjoj) svesci preudešenog izdanja *Bijesnog Rolanda* stoji: „Druga mu je *mana* u preteranoj slobodi pri opisivanju izvesnih radnji i slika u ljubavnim pričama". *Nećemo-reći-mana, nezgoda* pretvorili su se u *manu* bez ograda. Sve ovo, postepeno, makar i delimično, ustupanje D. Stanojevića objašnjava se situacijom u kojoj se on našao po potpisivanju ugovora s upravom SKZ, teškim materijalnim prilikama. No u pomenutom pogovoru četvrtoj svesci on ističe da je i njegov otpor značio nešto: „Sloboda nekih strofa ublažena je," ali je sadržina njihova ostala „zdrava i čitava", a nije izostavljena „ni jedna pesma, a strofa je" (iz speva od oko 5000 strofa!) „izostavljeno svega 23".[18]

Formulišući ciljeve koje je svojim prevodom i originalnim pesničkim radom želeo da postigne, Stanojević „pored ostalih viših svrha kojima služi pesništvo", ističe dve svoje posebne "svrhe": pitanje metrike i čistoće jezika u umetničkim pesmama.

Stanojević smatra da u njegovo vreme u srpskoj „metrici, nauci o stihu", vlada potpuna anarhija, „*svak 'peva' kako hoće, a peva malo i veliko, pozvano i nepozvano*", „ni najgori talijanski pesnik ne bi slikovao stêlo sa quello, „a najbolji srpski pesnik slikuje ne samo rúka sa mužka no i gúju sa poskâkuju, têlo sa pocrvêžnelo, itd. Jezik naših pesnika, osim dvojice, takođe „ne valja ništa". I Stanojević misli da svemu tome treba odlučno učiniti kraj. „Ali kako?" – pita se. „Golom teorijom, kritikom, žalopojnom pridikom?" Ne – odgovara – „to nije dovoljno, već stvarnim pesničkim radovima, iz kojih bi tehnički zakoni srpske pesme sami od sebe izvirali i stvorili i utvrdili srp. metriku, tj. prozodiju i ostalo što se tiče stiha". I on se „stvarnim pesničkim radovima" i kritikom (koliko je ima samo u onih nekoliko pisama!) bori za „bogatstvo, čistotu i tačnost jezika" i jedan je od prvih koji su u nas tako kategorično postavili zahtev da rima treba da bude rimovanje slogova s

---

[18] *Bijesni Rolando*, SKZ, IV, Pogovor, Beograd 1896, 254–278. (Kurziv M. Z.)

istim akcentskim dužinama.[19] Sa smislom i za samu grafičku sliku poetskog teksta, on traži reda čak u pisanju samoglasnika koje zamenjuje *ao* – „priznajem", pisao je, „da je i ono došo, imo takođe ozbiljno pitanje." Tražio je da se skraćeni infinitivi i participi pišu bez apostrofa („oni crvići apostrofa bodu oči"). I u tome mu je današnja poezija sasvim dala za pravo.[20]

S osećanjem za živi jezik, koji se neprekidno razvija, Stanojević se suprotstavlja filološkoj pedanteriji i formalizmu. Ali, uporedo s tim, ponekad i sam postupa slično onome čemu se suprotstavlja, na primer: kritikovao je oblik *stiskajući* i kao bolji isticao *stiskujući* poricao je imenicu *oštrica* i priznavao samo *oštrice*. Bio je isključiv u reagovanjima na Fabrisov predlog da se u 292. stihu *Rolanda* izmeni reč *jaran*.[21] A. Fabris, kome je Zadruga u ovom slučaju poverila rad na ublažavanju i skraćivanju prevoda, verovatno je smatrao da turcizam *jaran* ne odgovara strukturi klasičnog epa. Stanojević se zbog te reči ozbiljno naljutio, pa je Fabris za njega „nekakav Fabris", „strogi moralista", „cenzor", koji je svojim predlogom „dokazao da ide dalje od samoga Bolce"! Čak će tvrditi da Fabrisa *jaran* „jamačno sablažnjava" u moralnom smislu.

---

[19] Pismo 4, od 27. X 1895.

[20] „Dopustiti pak da se skraćeni participi i infinitivi pišu bez apostrofa, a tražiti te obzire prema sitnim dronjcima od reči, kao al, il, nit itd. takođe nema smisla, te će mi Uprava naravno i to dopustiti" ... „Iz mnogobrojnih primera vidi se jasno da je u izdanjima Zadruginim slobodno pisati kako hoćeš: i na nj i nanj, zbogom i s Bogom, za to i zato, sasvim i sa svim, industrijski i finansiski, oseci i podskakuj, bogastvo i bogatstvo, da bome i dabome (šteta što nema i da bogme) , suho i suvo, v'jencem i vjencem, dosad i do sad itd. itd. itd. Ne samo da je dopušteno raznim piscima razno pisati, nego je i na ćefu je i jednom istom piscu da bude nedosledan, pišući čas od davno, čas odavno, bez traga i bestraga, na koju slobodu nedoslednosti ja ne pretendujem" ... (Pismo 4. od 27. X 1895)

[21] „Reč jaran ne dolazi od jariti, najariti (napr. petao kokoš), te da se u njoj krije kakvo nepristojno značenje, nego je to turska reč, koja znači: dragan, ljubaznik, prijatelj. Ona se često pominje u srp. nar. ženskim pesmama. Nisam se ja njome poslužio što volim turcizam, no po nevolji: dragan, ljubaznik upravo i nemaju slika, a: jarana, jaranu, jarani itd. ima puno slikova. Značajno je da na još na jednom mestu u onih 5 pesama upotrebljena reč *jaran*, ali ju je tu cenzor ostavio na miru! Iz ovog primera vidi se kako je cenzor, nezavisno od Bolce, onako za svoj lični račun, strog moralista."

Prvi od posebno izdvojenih ciljeva koji je sebi, kao pesniku i prevodiocu velikih pesničkih tvorevina, postavio, Dragiša Stanojević izlaže u Pismu 2: prevodom najgenijalnijih „i po tehnici stiha najtežih za prevod modernih klasika... mislim krčiti put našem jeziku na celom slovenskom jugoistoku od Alpa i Lju-bljane do Crnog mora, od Subotice i Baja do Soluna: širiti misao da na Balkanu ima mesta samo za jedan književni slovenski jezik, za jezik srpski". Ovakvi njegovi stavovi, pa shvatanje o, različitoj, pokvarenosti Istoka[22] i Zapada („Europski istok je pokvareniji od Zapada", mada i „na Zapadu ima mnogo pokvarenosti, ali ima i bedema protiv nje"), a posebno razmišljanja o opadanju morala u „Srbiji na istoku", možda nam donekle mogu objasniti negativan odnos Svetozara Markovića prema Dragiši Stanojeviću, koga naziva „buržoa socijalista". Ipak, ne treba zaboraviti da Stanojevićeva „velikosrpska svrha" ima nečega zanesenjačkog i poetskog i da je po mnogočemu stečena u dugogodišnjem izgnanstvu.

U pismima SKZ Stanojević na nekoliko mesta govori i o sopstvenom pesničkom radu, posebno i izričito o epu *Ravanica*, čija je krajnja sudbina takođe karakterističan detalj srpske književne istorije. *Ravanica*, objavljena u „Otadžbini" za 1892. godinu, bila je, u stvari, deo epa *Miloš Obilić* i ulazila u onih 70.000 stihova koje Stanojević pominje u pismima kao gotove ili skoro gotove za štampu. Negde pre 1893. on je *Ravanicu* ponudio upravi SKZ, ali ju je ona, „na referat g. Ljube Nedića", 1894. odbila. Krajem sledeće godine, u pismu predsedniku SKZ, Stanojević ponovo nudi svoj „patriotski spev" i predlaže da se u IV kolu, umesto prve sveske *Bijesnog Rolanda*, koja je očigledno kasnila zbog komplikacija s ublažavanjem i skraćivanjem teksta, objavi knjiga u koju bi ušli njegovi prevodi sanskritskog speva *Rama* i pesme Ade Negri *Sudbi-*

---

[22] „Na istoku sa patrijarhalnim životom propao je i patrijarhalni moral: sa naprednim naučnim idejama propala je i vera: na njihovo mesto nije došlo ništa novo a naj-manje lek. To nam objašnjava zverstva koja se događaju u razbojništvima na Istoku, i čega nema na Zapadu. Moralno truliji, mnogo truliji su Atina, Carigrad, Bukurešt i Beograd od Minhena, Ciriha, Ženeve i Pariza" – zaključuje Stanojević na osnovu ličnog iskustva („dugo živeći na Zapadu"). (Pismo 1. od 11. VIII 1895)

na, skupa s njegovom *Ravanicom*. Rukopisi ova tri dela bili su potpuno završeni, i tu nije bilo potrebe za „dva izdanja", a Stanojević predsedniku obećava da će „sam odneti *Ramu* i *Ravanicu* dru M. Jovanoviću, a *Sudbinu* g. Đaji i da će ih zamoliti da za 2-3 dana napišu referat", koji će, bio je unapred u to siguran, biti pozitivan.[23] Ali uprava SKZ ovaj predlog nije usvojila. Pred Drugi svetski rat Stanojevićeva sinovica Mara dala je *Miloša Obilića* Društvu sv. Save da ga objavi. Delo ni tu nije štampano, a rukopis njegov je za vreme rata nestao.

Pisma Dragiše Stanojevića upravi SKZ, bogata činjenicama i opservacijama, nisu samo istorija štampanja prevoda Ariostova epa, nego i socijalna i kulturna istorija Srbije u malom i slika položaja srpskog književnika u godinama kad se prevod štampao. U tom smislu ilustrativne su, na primer, činjenice: Zadruga nastoji da „njena izdanja izlaze zimi, kad se više čita"; u štamparijama je nestašica slova pa, ako zakasniš s nastavkom rukopisa, slova se ulože u neki drugi rad; u samoj Zadruzi vlada javašluk (Stanojević nekoliko meseci uzalud traži potvrdu da je prevod predao), a u srpskoj nauci o jeziku nered („srpski spisatelj stoji uprepašćen" pred nestalnošću naših mladih filologa[24] – onom našom slabošću „koja čini da svaki čas menjamo vojsci kape". Životni uslovi kulturnih poslenika su nesigurni, pa prevodilac, na primer, mora s mukom da isteruje naknadu za svoj trud. (Stanojević moli da mu honorar, umesto po izlasku sve tri knjige, odmah počinju isplaćivati u mesečnim ratama, što bi mu „obezbedilo nasušni hleb za 18 meseci", i pomoglo „da dugove svoje", u koje tone, mesečno

---

[23] Stanojević navodi da je o *Ravanici* „ ... tridesetogodišnji kritičar, akademik d-r Milan Jovanović" izjavio: „pregledav ceo spev Ravanicu možemo reći, da po sklopu i obliku nemamo još u epskom pesništvu našem rada, koji bi nas toliko podsećao na silinu Danta i atičku so Bajrona". (Pismo 5. od 25. XI 1895)

[24] „Prema takvom tumaranju i takvoj nestalnosti naših novijih filologa šta ostaje da čini jednom nefilologu spisatelju? Ja bih mu dao ovaj recept: a) pre svega da se 'da' roditi od kakve Srpkinje iz valjevskog, rudničkog ili užičkog okruga, ili iz Hercegovine, te da u majčinu mleku posisa pravilan srpski *govor* i *izgovor*; – i b) da proučava narodne umotvorine; – c) da se obraća za savet Vuku i Daničiću i da se ne klanja suviše duboko našim novijim filolozima i filološčićima; – d) da malo misli i *svojim* mozgom." (Pismo 4. od 27. VIII 1895)

otplaćuje. Kako samo gorko-ironično formuliše život srpskih književnika, osobito onih opozicionih, ovde već navedenom rečenicom: „živ čovek, ma bio i srpski književnik, mora da jede".

ITALIJANSKA KNJIŽEVNOST U SRPSKOJ PERIODICI NA GRANICI DVA VEKA

Ovo ispitivanje recepcije italijanske književnosti u srpskoj periodici na kraju XIX i početku XX veka vršeno je na osnovu beogradskih časopisa „Srpski književni glasnik" „Kolo", „Venac" i vojvođanskog „Brankovo kolo". Ne mislimo da bi utisak bio mnogo drugačiji da smo krug časopisa proširili još nekima iz ovih sredina, ali bi to zasigurno bio da smo razmatrali i srpske primorske časopise.[1] A opšti je utisak da je u srpskoj periodici ovog perioda, u poređenju s drugim književnostima, italijanska zastupljena neznatno. Na primer, u nekoliko godišta na samom prelazu iz veka u vek (1898–1901) u „Brankovom kolu", pored mnogobrojnih prevoda iz ruske, nešto manje iz francuske, nemačke i engleske književnosti (a 1898. i jednog iz turske!) nema nijednog prevoda ni iz italijanske poezije ni iz italijanske proze.[2]

---

[1] Osim navedenih časopisa, čija smo godišta značajna za naš rad pregledali („Brankovo kolo" 1895–1914; SKG 1901–1913; „Kolo" 1901––1903; „Venac" 1910–1914), služili smo se i određenim brojevima drugih časopisa, što će uvek biti označeno. Uz te, književne časopise pregledali smo i mesečnik „Svetlost" (1908–1914), organ Društva za školsku higijenu i narodno prosvećivanje. Razmatrani časopisi smatrani su najpopularnijim književnim glasilima u to doba. Iz izveštaja Narodne biblioteke u Beogradu za 1902. godinu (štampan u „Godišnjaku Srpske kraljevske akademije" za 1903) saznajemo da su najčitaniji časopisi: „Letopis Matice srpske", SKG, „ Delo", „Brankovo kolo"...

[2] Prema pregledu rada Narodne biblioteke za godinu 1901 („Srpski književni glasnik", 1902, knj. V, br. 7, 509–517), po čitanosti italijanska književnost bila je na šestom mestu, sa 57 knjiga godišnje (srpska književnost – 7.369, nemačka 1649, francuska 1013, ruska 323, latinska 236). Iz dotičnog pregleda saznajemo i da se Dante, Bokačo i Manconi uzimaju na čitanje samo pet puta u toj godini.

Takva, nevelika, zastupljenost italijanske literature u srpskim časopisima tog vremena ogleda se prvenstveno u prevodima, potom, znatno manje, člancima, malim studijama kako naših, tako i stranih autora, a najviše u književnim beleškama, obaveštenjima, kratkim prikazima. Možemo slobodno reći: da nije tih beležaka, italijanske književnosti u tadanjim našim časopisima gotovo da u kontinuitetu ne bi ni bilo.

A šta se u to doba prevodi?

Iz italijanske poezije najviše su prevođene pesme Petrarke i Leopardija (koji i u ovom razdoblju biva najprevođeniji italijanski pisac u nas), zatim Dantea, doduše jednom u prozi, i to samo kao ilustracija određenih teza u teorijskoj raspravi, a drugi put sa svega 16 stihova (u oba slučaja je, po vlastitim rečima, „pjesnika iznevjerio" Marko Car). Od savremenih mu italijanskih pesnika srpski čitalac može upoznati prvenstveno Karduèija, za koga je i tako u našoj periodici važilo mišljenje da je najveći italijanski pesnik toga doba, i, samo sporadično, s po jednom pesmom, pesnike Artura Grafa i Olinda Gverinija, odnosno Steketija.[3]

---

[3] Petrarka, *Soneti* („Međ ženama mladim, prekrasna i čista"; „O ljubavi reci, u kome si kraju"), SKG, 1901, knj. III, br. 1, 34-35 (Preveo Dragoslav); L. Alamani, *Zbogom*, „Brankovo kolo", 1902, knj. VIII, br. 9, 358 (Preveo M. P.); A. Graf, *Lazarev uskrs*, „Brankovo kolo", 1902, knj. VIII, br. 20, 615–619 (Preveo I-gi); L. Stecchetti, *Gaz*, „Kolo", 1902, knj. III, br. 10, 611–613, (Preveo A. Šantić); G. Leopardi, *Italiji*, „Brankovo kolo", 1903, knj. IX, br. 7, 257–260 (Preveo A. Šantić); *Petrarkini madrigali*, „Kolo", 1903. knj. III, br. 5, 289; br. 6, 365; br. 7, 438; br. 8, 492 (Preveo Đ. Stratimirović); Petrarka, *Kancona* („Oj bistre, sveže i dragosne vode"), „Brankovo kolo", 1904, knj. X, br.11, 323–324 (Preveo Đ. Stratimirović); G. Carducci, *Ko da se zvezda mače*, „Brankovo kolo", 1904, knj. X, br. 17, 517–518 (Preveo Đ. Stratimirović); G. Carducci, *Oda kraljici Italije*, „Brankovo kolo", 1907, knj. XIII, br. 11, 298–299; Đ. Karduči, *Na brdu Mariju*, SKG, 1907, knj. XIX, br. 7, 498–499 (Preveo B. Desnica); Đ. Karduči, *Vo* (prevod u prozi uz čitulju), SKG, 1907, knj. XVIII, br. 5, 4; G. Carducci, *Na izvoru Klitumna*, „Letopis MS", 1907, LXXXIII, br. 242, 68–73 (Prevod B. Desnica); G. Carducci, *Varvarske ode*, 1910, knj. LXXXVI, br. 268, 23–29 (Prevod B. Desnica); Đ. Leopardi, *Subota u selu*, „Brankovo kolo", 1909, knj. XV, br. 50, 790; *Usamljeni vrabac*, br. 51–52, 807; *Mir poslije grada*, 1910, knj. XVI, br. 3, 40 (Prevod V. Jelača); Dante, *Riminska nevjesta*, „Brankovo kolo", 1911, knj. XVII, br. 3, 40 (Prevod M. Car); G. Carducci, *Miramar*, SKG, 1911, knj. XXVII, 12. dec. 905–906 (Preveo B. Desnica).

Uporedo s prevodima italijanske poezije, na stranicama naših književnih listova oblikuje se, doduše mahom putem uzgrednih misli, i modernije shvatanje prevođenja. Pored stalnog naglašavanja da dobrog prevoda poezije ne može ni biti (verovatno je to nekim prevodiocima služilo kao opravdanje što su i u prvoj deceniji XX veka Dantea, Petrarku i Leopardija prevodili prozno), javljaju se i zahtevi za očuvanjem originalnog metra, ponajčešće u kritikama postojećih prevoda („u banalnom troheju i dikciji junačkih pesama", kako kaže Skerlić o Ljubišinim prevodima). A prevodioci su, pored najrevnosnijeg Đorđa Stratimirovića, čije prevode svi kritikuju, i Šantić, Miličić, Jelača.[4]

Valja imati u vidu da se italijanska poezija i posredno osećala na stranicama naših časopisa: oživljavanje starih stalnih lirskih oblika kancona i balada Korolija zasigurno umnogome duguje modernoj italijanskoj poeziji, posebno Karduču i D'Anunciju.[5]

Za razliku od italijanske poezije, srpski čitalac se prevodima iz italijanske proze prevashodno upoznaje s delima savremenih italijanskih književnika – Verge, Fogacara, D'Anuncija, Kastelnuova, Farinea, Ungetija, ponovo Gverinija itd.[6] Ako

---

Osim ovih prevoda Leopardija, u to doba izlaze i *Le Ricordanze*, „Književne novosti", 1914 (Preveo S. Miličić) i *L'Infinito*, „Bosanska vila", 1914 (Preveo M. N. Nani).

Pod pseudonimom Lorenco Steketi, čiju je pesmu preveo Aleksa Šantić, krije se pesnik i prozni pisac Olindo Gverini (1845–1916).

[4] U rubrici *Beleške* SKG-a 1902, knj. VII, br. 4, 318 izašla je nepotpisana kritika knjige pesama i prevoda *Poslednji zvuci* Đorđa Stratimirovića: „... Ukratko jedna vrlo slaba knjižica jednog čoveka bez ikakvog pesničkog dara". Svi prevodi Vojislava Jelače su u prozi.

[5] M. Korolija, *Kancona o smrti učitelja velikog Dositeja*, SKG, 1911, knj. XXVI, br. 6, 50; *Balate*, SKG, 1912, knj. XXVIII, br.10, 749.

[6] G. D'Annunzio, *Zvona*, „Brankovo kolo", 1895, knj. I, br. 22, 686–690 (J. Drag. Ilijića); L. Stechetti, *Iz 'Posmrčadi'*, „Brankovo kolo", 1899, knj. V, br. 40, 1249–1250 (B. S. Davičo); G. Verga, *Poslednji dani*, „Brankovo kolo", 1900, knj. VI, br. 10, 298–302 (Đ. P. D.); Fulvia (Rachele Saporeti), *Iseljenici*, „Kolo", 1901, knj. I, br. 3, 170–177 (T. Kobliška); E. Castelnuovo, *Posle 25 godina*, „Kolo", 1901, knj. II, br. 3–4, 193–206; br.5, 275–286; br.6, 316–322; br. 7, 383–391; br. 8, 477–482; br. 9, 514–526 (T. Kobliška); E. de Amicis, *Drugovi iz akademije*, „Kolo", 1902, knj. IV,

je suditi po broju prevoda, dva najpopularnija italijanska pisca u srpskoj periodici tog vremena svakako su De Amičis i D'Anuncio. Od D'Anuncija prevođene su pripovetke, i to najviše iz njegove prve, verističko-naturalističke faze, ali i odlomci romana *Nevini*. (Zanimljivo je da tada u našim časopisima nema D'Anuncija–pesnika.) Od De Amičisa, kome savre-

---

br. 3–4, 176–180 (T. Kobliška); S. Farina, *Očinske brige*, „Brankovo kolo", 1902, knj. VIII, br. 6, 175–179 (Đ. P. D.); L. Stecchetti, *Slaba tvrđava*, „Brankovo kolo", 1902, knj. VIII, br. 25, 783–787 (S. A. Popović); A. Fogazzaro, *Zaveštanje Cara iz Retorgola*, „Brankovo kolo", 1902, knj. VIII, br. 35, 1101–1105 (S. P.); Fogazzaro, *Jedna kaplja ruma*, „Brankovo kolo", 1903, knj. IX, br. 9, 270–274 (R. Radulović); A. Albertozzi, *Muževljev šešir*, „Brankovo kolo", 1903, knj. IX, br. 27, 840–849 (Š. Bocarić); Ungheti, *Lečnik i bolesnik*, „Brankovo kolo", 1903 knj. IX, br. 21, 654–658 (L. Popović); A. Bernardini, *Mala drama*, „Brankovo kolo", 1903, knj. IX, br. 39, 1231–1235 (S. A. Popović); E. Castelnuovo, *Večiti stranac*, „Brankovo kolo", 1903, knj IX, br. 46, 1452–1453 (R. Z. P.); Đ. Leopardi, *Pesma divljeg petla*, SKG, 1903, knj. VIII, br. 7, 524–528 (M. P.); G. D'Annunzio, *Sveti Laimo Moreplovac*, SKG, 1906, knj. XVIII, br. 2, 91–99 (M. Iv.); S. Pellico, *Dužnosti čovečje*, SKG, 1906, knj. XVII, br. 7, 1. okt, 951 (K. Lučić); De Amicis, *Očinska kuća, Iz uspomena Viljema van Mandena*, „Brankovo kolo", 1908, knj. XIV, br. 51, 821–824 (S. St. Micić); G. D'Annunzio, *Junak*, „Venac", 1911, knj. III, br. 1, 19–23 (T. Kobliška); G. D'Annunzio, *Djevica Orsola*, „Brankovo kolo", 1911, knj. XVI, br. 32, 497–499; br. 33, 526–531; br. 35, 553–556; br. 36, 569–576; br. 37, 581–585 (D. K.); G. D'Annunzio, *Nevini (L'Innocente)*, „Brankovo kolo", 1912, knj. XVIII, br. I, 10–12; br. 2, 40–45; br. 3, 76–79; br. 4, 104–107; br. 5, 140–142, br. 6, 171–173; br. 7, 202–207; br. 8, 235–238; br. 9, 267–269; br. 10, 304–306; br. 11, 332–334; br. 12, 360–362; br. 13, 391–393; br. 14, 430–432; br. 15, 461–465; br. 16, 486–489; br. 17, 518–520; br. 18, 554–557; br. 19, 586–590; br. 20, 621–623; br. 21, 651–652; br. 22, 680–682; br. 23, 710–714; br. 24, 742–757; B. Kroče, *O jednom karakteru novije talijanske književnosti*, SKG, 1912, knj. I–XXIX, 4. avg, 291–300; knj. II–XXIX, 5. sept. 371–376 (B. Desnica), G. Garibaldi, *Slovenima na ratištu*, SKG, 1912, knj. XXIX, 9. nov. 710–711, B. Kroče, *Edmondo De Amičis*, SKG 1913, knj. XXX, 12. juni, 931–941; knj. XXXI, 1. juli, 52–65 (M. Ristić); De Amičis, *San o Riu Žaneiru*, „Venac", 1913, knj. V, br. 3, 135–158; br. 4–5, 206–215 (T. Kobliška); De Amičis, *Božićne uspomene*, „Venac", 1913, knj. V, br. 4–5, 222–230 (T. Kobl); De Amičis, *Moji gostionički susedi*, „Venac", 1913, knj. VI, br. 5, 266–279 (T.K.); A. Varaldo, *Crno odelo* „Venac", 1913, knj. VI, br. 6, 341–357 (T.K.); P. Mantegaca, *Misli*, „Venac", 1914, knj. V, br. 7, 421–422; br. 8, 494; S. Pellico, *Moje sužanjstvo*, „Brankovo kolo", 1914, knj. X, br. 1, 11–20; br. 2, 44–50.

mena književna kritika poriče gotovo svaku umetničku vrednost, a publika, naročito mlađa, još uvek ga rado čita, prevode se uspomene, putopisi, pripovetke. Međutim, popularnost u nas ovaj pisac stekao je prvenstveno svojim interesovanjem za tzv. malog čoveka, za „male teme" svakodnevnog života. A i od ostalih savremenih italijanskih pisaca najviše je prevod pripovedaka sa socijalnom tematikom. Uopšte su najčešće pripovetke, potom uspomene, misli, pesme u prozi (Leopardi) pa i delovi iz romana (Pelika, D'Anuncija). Prevodilaca je mnogo (obično svaki prevodi po jednu stvar) i iz raznih su krajeva: Beograda, Požege, Sremskih Karlovaca, Jagodine... Najviše prevoda objavljeno je iz pera Todora Kobliške (u „Vencu" i „Kolu" istovremeno). Ali dok se, na primer, 1913. u „Vencu" od italijanskih pisaca štampa jedino De Amičis, u isto vreme izlaze pripovetke Mopasana, Tolstoja, Koroljenka, pa, u nastavcima, i roman Tvena *Tom Sojer*. Po vrsti priloga iz italijanske književnosti, opet, reklo bi se da jedni časopisi („Kolo" i „Srpski književni glasnik") više vole italijansku poeziju, a drugi („Brankovo kolo" i „Venac") prozu. Međutim, po izboru tih priloga ne bi se moglo zaključiti da postoji razlika između časopisa s modernijom i onih s tradicionalnijom orijentacijom.

Duži članci, kao i kraće književne beleške (naša podela na duže i kraće priloge često je uslovna) najčešće su pisane raznim povodima. Izuzetak čine dve studije: studija Marka Cara iz 1902, posvećena petom pevanju Danteovog *Pakla* („ljubavna pjesma nad pjesmama", „najljepša ljubavna pjesma sviju naroda i sviju vremena")[7], L. T. Petrovića o *Božanstvenoj komediji* i, najopširniji, prilog Slobodana Jovanovića o Makijaveliju, iz 1907. godine. To je prava naučna studija s bogatom bibliografijom, koja se, doduše, samo usputno dotiče Makijavelija-književnika, a u suštini govori o njemu kao tvorcu mo-

---

[7] M. Car, *Riminska nevjesta* (Francesca da Rimini), „Kolo", 1902, knj. III, br. 4, 225–230. U stvari, Marko Car počinje svoju studiju analizom D'Anuncijeve tragedije o „čuvenoj preljubnici" i osvrtom na trajanje ovog lika u evropskoj književnoj tradiciji, da bi potom sasvim prešao na analizu Danteove epizode, služeći se De Sanktisovim tumačenjem. *Divina Commedia, spoljašna strana i unutrašnje ideje*, „Venac", 1913, knj. V, sv. 2, 90–98;, sv. 3, 158–160.

derne političke nauke, o njegovim političkim idejama, pojmu *makijavelizam*.⁸ Manje priloge bismo opet, takođe uslovno, podelili u nekolike grupe. Prvo, to su nekrolozi (Kardučiju, De Amičisu, Fogacaru...) i članci povodom raznih jubileja, obeležavanja godišnjica smrti (50 godina od smrti Tomazea, 60 godina od rođenja i 40 profesorovanja Kardučija, 600 godina od rođenja Petrarke, 300 godina od smrti Đordana Bruna itd.). Potom, najviše priloga (23) odnosi se na najave novih prevoda, obaveštenja o izdavanju italijanskih pisaca u nas, o prikazivanju italijanskih drama na našim pozornicama. Uz ovakva obaveštavanja često se donose i podaci o piscu, o popularnosti datog dela, a pokatkad čak i o prevodiocu, pa i o pobudama koje su ga podstakle na prevođenje. U pet priloga govori se, u to vreme u čitavoj Evropi veoma popularnom, romanu *Srce*, koje tada doživljava treće izdanje na našem jeziku.⁹ Treću grupu čine članci o nekim savremenim italijanskim književnicima. Svi su ovi prilozi iz „Brankovog kola", a najviše ih je o D'Anunciju. Četvrta grupa obuhvata obaveštenja našoj čitalačkoj publici o izlasku najnovijih, pored književnih i naučnih dela i o pokretanju književnih časopisa u Italiji. Ovakvi prilozi karakteristični su za „Srpski književni glasnik". U poslednju grupu ulaze vesti o studijama i prikazima dela iz italijanske književnosti i umetnosti (prema stranim časopisima, npr. lon-

---

[8] S. Jovanović, *Makiaveli*, SKG, 1907, knj. XVIII, br. 1, 14–23; br. 2, 107–119; br. 3, 179–186; br. 4, 267–280; br. 6, 416–426; br. 7, 512–520; br. 8, 594–605; br. 9, 663–675; N. Macchiaveli, *Beleške*, SKG, 1907, knj. XVIII, br. 11, juni, 874. „Delo", 1912, br. 2, 306–309. U „Delu" je u periodu 1908–1912 prevedeno: M. Praga, *Zaljubljena*, 1908, br. 47, 161–179, 346–376; br. 48, 73–104, 219–246, 375–389, br. 40, 93–115, 194–215 (M. Dobrić); L. Ruggi, *Crna mašna*, 1909, br. 52, 49–57; M. Serao, *Posle oproštaja*, 1911, br. 58, 413–432; br. 59, 115–130, 280–305, 443–463; br. 61, 279–293, 435–453 (M. Dobrić); L. Zuccoli, *Zaljubljena žena;* 1912, br. 65, 42–50 (M. Dobrić).

[9] Srpski čitalac iz *Književnih beležaka*, SKG, 1904, br. 7, str. 559, saznaje da je te godine italijanski pisac dobio plaketu povodom 301.000. knjige, te da je *Srce* prevedeno na 22 jezika i da je u Francuskoj doživelo 66, a u Nemačkoj 33 izdanja. O delima De Amičisa u *Srpska i hrvatska književnost*, SKG, 1908, knj. XX, br. 7, 553; 1909, knj. XXII, br. 3, 237 (dopuna bibliografiji).

donskom „Athenumu"), objavljenim van granica Italije, i to najviše u Nemačkoj.

Pisci svih ovih beležaka često napominju da se u prikazima oslanjaju na informacije iz savremenih italijanskih časopisa, obično iz „Nuove antologie". Samim tim, cilj ovakvih napisa više je da srpskog čitaoca obaveste nego da mu dadnu iscrpniju analizu ili sopstveni književni sud, pa su obično na granici publicistike. A kad, mahom nepotpisani, pisci takvih beležaka govore o savremenim italijanskim književnicima, oni se više bave kuriozitetima njihova privatnog života nego njihovim delima.[10] Iako to izlazi iz okvira našeg rada, napomenućemo da postoji velik broj priloga-obaveštenja o našem prisustvu u italijanskoj književnosti i kulturi.[11]

Kao što se po broju prevoda iz italijanske književnosti u srpskoj periodici tog vremena može zaključiti da su najpopularniji italijanski pisci D'Anuncio i De Amičis, tako za D'Anuncija to možemo reći i po broju i iscrpnosti beležaka. Ne samo što se srpski čitalac obaveštava šta je taj „najveći ukras savremene italijanske književnosti" napisao, koje se njegove drame u italijanskim pozorištima prikazuju i na kakav prijem one nailaze, već i šta u datom trenutku piše i, opširno, šta se sprema da napiše. Srpskog književnog kritičara više interesuju njegove drame i kancone rodoljubivog sadržaja, iz bliže i dalje italijanske nacionalne istorije, nego romani, koji su tom autoru zapravo i doneli svetsku slavu. U vezi s D'Anuncijem nailazimo i na dve suprotne vesti o istoj stvari: dok „Brankovo kolo" govori o sumnjivom uspehu tragedije *Brod* (*La nave*) u rimskom pozorištu „Arđentina", gde je jedino prisustvo kralja sprečilo publiku da oštro neguduje, dotle beogradsko „Kolo" obaveštava svoje čitaoce o pravim ovacijama na premijeri te iste tragedije u tom istom teatru.

---

[10] Tako u „Brankovom kolu", 1909, knj. XV, br. 11, 175, nepotpisani autor, govoreći o najnovijim delima D'Anuncija, opisuje piščevu nedopadljivu spoljašnost, zatim da voli cveće, da obraća pažnju na odevanje („ima izgled bulevarskog eleganta"), da je omiljen kod gospođa i rado viđen u aristokratskim krugovima.

[11] Ta obaveštenja najviše se tiču prevoda naše narodne poezije, ali i umetničke. Najčešći prevodilac je Umberta Grifani.

Iako će početkom ovog veka Marko Car pisati o novim načelima moderne književnosti, a drugi književni kritičari hvaliti veliku psihološku pronicljivost italijanskih esejista i italijanska književna dela koja ne sadrže „tendenciju", u srpskim časopisima tog razdoblja još uvek se u uvodnim napomenama uz prevode pre svega ističe „polza" stranog književnog dela pa našu čitalačku publiku, i to ređe kulturno-književna nego patriotska. Prevodi su korisni srpsku književnost, po srpski jezik i njegovo „širenje po južnom slovenstvu", kako kaže Dragiša Stanojević. Foskolovi *Grobovi* zanose svojim patriotizmom, takva dela valja prevoditi (Šantić prevodi Kardučijeve pesme na nagovor prijatelja) jer su protiv tuđinske vlasti itd. itsl. Roman *Srce* treba da je na stolu „svake srpske roditeljske kuće", jer se gotovo ne može ni iskazati „od kolike je vaspitne vrednosti ova zlatna knjiga". „Brankovo kolo" prepisuje reči prevodioca Foskolovih *Poslednjih pisama Jakopa Ortisa*, koji „milu omladinu" moli da njegov glas ne bude glas vapijućeg u pustinji, da se ona zagreje domoljubljem koje je Ortis onako živo predstavio.[12] Doduše, ovakvih zahteva bilo je, na primer, više u „Brankovom kolu" nego u „Srpskom književnom glasniku". A u samim književnim analizama, pored formulacija kao što su da Laura i Beatriče idu „u kategoriju idejalnih jaranica", postoje i zapažanja koja sasvim odgovaraju nivou tadanje evropske književne misli.

Iako suženo i restriktivno, u srpskim časopisima ipak su predstavljena dva osnovna književna modela karakteristična za italijansku literaturu s kraja XIX i početka XX veka. Putem *prevoda* naša se čitalačka publika upoznavala s onom italijanskom književnom strujom koja se nastavljala na književnost progresivne orijentacije prethodnih decenija i koja svoj najautentičniji izraz nalazi u verizmu. Što su nekim našim prevodi-

---

[12] Up. „Brankovo kolo", 1899, knj. V, br. 9, 284; br. 19, 594–597; 1909, knj. XV, br. 45, 717; godine 1903. nepotpisani autor u SKG, knj. VIII, br. 1, 78, prikazujući novo izdanje pesama Nikole Tomazea, žali za vremenom u kome se, za razliku od njegovog, „trulog, verovalo u nešto: u ljubav i otadžbinu... za što je čovek bio kadar podneti i izgnanstvo, glad i smrt".

ocima bili bliži veristi umereniji po orijentaciji a manje književno značajni od samog Verge, drugo je pitanje.

A preko *književnih beležaka* u tadanjoj periodici čitalac je mogao da sazna o onoj drugoj, po razvitak italijanske književne misli mnogo značajnijoj struji, koja je, za razliku od verističkog isticanja istinskih životnih činjenica i impersonalnosti kao književnog prosedea, nalazila svoje teme u psihološkim konfliktima jedinke, u onoj književnoj struji koja namerno narušava dotadanju čvrstu vezu između pisca i društva. Za autore ovih književnih beležaka najbolji model date struje bio je D'Anuncio. Zasigurno i zbog njegove ogromne slave i van granica Italije, ali, pretpostavljamo, našim je književnim kritičarima bio privlačan i po svojoj ulozi pesnika-proroka, a i po, tako veštom, spajanju modernog senzibiliteta i naglašenog nacionalizma.

Objašnjenje neznatnog prisustva italijanske književnosti u srpskoj periodici na razmeđi dva veka nalazimo pre svega u nepoznavanju italijanskog jezika u ovim našim krajevima koji, za razliku od onih primorskih, nisu tradicionalno vezani za italijansku kulturu, nisu „na dohvatu italijanskom elementu", kako bi jedan saradnik „Brankovog kola" iz Mletaka rekao u svojoj žalopojki što njegovo srpsko pleme „snom mrtvijem spava", to jest, ne prevodi italijansku klasiku.[13] A u to doba se ugasio i onaj impuls koji je 60, 70. i 80. godina dolazio od Ujedinjene omladine srpske, kad se književnost doživljavala kao sredstvo nacionalnog buđenja, pa se u italijanskom Risorđimentu i njegovoj književnoj misli tražila i nalazila potpora, podsticaj, „opomena i ogledalo svome narodu". Tim impulsom najverovatnije možemo objasniti i činjenicu što je na granici dva veka italijanska književnost ipak imala većeg odjeka u vojvođanskoj periodici.

Ali objašnjenje ponajviše možemo naći u mestu i ulozi italijanske književnosti unutar šireg evropskog književnog konteksta s kraja XIX i početka XX veka. Kao što je poznato, italijanska književnost, nažalost, još od XVII veka, od doba

---

[13] Up. Š. J. Gerun, *Srpstvo u italijanskoj knjizi*, „Brankovo kolo", 1904, knj. X, br. 34, 1070–1073.

baroka, nije više u središtu interesovanja evropske književne misli, ne služi drugima za ugled i ne daje opšti pečat. A jedan od retkih izuzetaka, *futurizam*, koji za kratko vreme postaje evropski književni fenomen, nije u srpskoj periodici tog doba ostavio nikakva traga.

ocima bili bliži veristi umereniji po orijentaciji a manje književno značajni od samog Verge, drugo je pitanje. A preko *književnih beležaka* u tadanjoj periodici čitalac je mogao da sazna o onoj drugoj, po razvitak italijanske književne misli mnogo značajnijoj struji, koja je, za razliku od verističkog isticanja istinskih životnih činjenica i impersonalnosti kao književnog prosedea, nalazila svoje teme u psihološkim konfliktima jedinke, u onoj književnoj struji koja namerno narušava dotadanju čvrstu vezu između pisca i društva. Za autore ovih književnih beležaka najbolji model date struje bio je D'Anuncio. Zasigurno i zbog njegove ogromne slave i van granica Italije, ali, pretpostavljamo, našim je književnim kritičarima bio privlačan i po svojoj ulozi pesnika-proroka, a i po, tako veštom, spajanju modernog senzibiliteta i naglašenog nacionalizma.

Objašnjenje neznatnog prisustva italijanske književnosti u srpskoj periodici na razmeđi dva veka nalazimo pre svega u nepoznavanju italijanskog jezika u ovim našim krajevima koji, za razliku od onih primorskih, nisu tradicionalno vezani za italijansku kulturu, nisu „na dohvatu italijanskom elementu", kako bi jedan saradnik „Brankovog kola" iz Mletaka rekao u svojoj žalopojki što njegovo srpsko pleme „snom mrtvijem spava", to jest, ne prevodi italijansku klasiku.[13] A u to doba se ugasio i onaj impuls koji je 60, 70. i 80. godina dolazio od Ujedinjene omladine srpske, kad se književnost doživljavala kao sredstvo nacionalnog buđenja, pa se u italijanskom Risorđimentu i njegovoj književnoj misli tražila i nalazila potpora, podsticaj, „opomena i ogledalo svome narodu". Tim impulsom najverovatnije možemo objasniti i činjenicu što je na granici dva veka italijanska književnost ipak imala većeg odjeka u vojvođanskoj periodici.

Ali objašnjenje ponajviše možemo naći u mestu i ulozi italijanske književnosti unutar šireg evropskog književnog konteksta s kraja XIX i početka XX veka. Kao što je poznato, italijanska književnost, nažalost, još od XVII veka, od doba

---

[13] Up. Š. J. Gerun, *Srpstvo u italijanskoj knjizi*, „Brankovo kolo", 1904, knj. X, br. 34, 1070–1073.

baroka, nije više u središtu interesovanja evropske književne misli, ne služi drugima za ugled i ne daje opšti pečat. A jedan od retkih izuzetaka, *futurizam*, koji za kratko vreme postaje evropski književni fenomen, nije u srpskoj periodici tog doba ostavio nikakva traga.

PROBLEM PREVOĐENJA ITALIJANSKE KANCONE NA SRPSKOHRVATSKI JEZIK

„Horum autem modurum cantionum modum excellentissimum esse pensamus; quare si excellentissima exscellentissimia digna sunt ... illa que excellentissimo sunt digna vulgari; modo excellentissimo digna sunt, ... cantio ... est equalium stantiarum sine responsorio ad unam sententiam tragica coniugatio, ..."[1]

Ovako je Dante, u drugoj knjizi svoga, nekim mislima i danas neverovatno aktuelnog, teorijskog spisa *De vulgari eloquentia*, u skladu s tada važećim retoričkim poimanjem triju stilova a na osnovu dotadanje pesničke tradicije i primera iz sopstvene poezije, definisao kanconu. Uspostavivši hijerarhiju metričkih formi, Dante je kanconi, tom stalnom obliku, strukturom složenijom od ostalih, dao najviše mesto – ispred balade,[2] iza koje dolazi sonet: sonetu odgovaraju niži jezik i niži sadržaji.[3]

---

[1] Citirano prema Dante Alighieri, *De vulgari eloquentia*, II, 3, 8, Firenca 1938, 182, 238. (Od svih tih ...pesničkih oblika na narodnom jeziku mislim da je kancona najizvrsnija. Ako su najizvrsnije stvari najizvrsnijih dostojne... one koje su dostojne najizvrsnijeg narodnog jezika, dostojne su i najizvrsnijeg oblika. Kancona je... povezivanje, u tragičnom stilu i u jednakim stancama, bez pripeva, takvih, jedinstvenih misli).

[2] Kancona sama postiže ono što balada čini uz pomoć igrača, onih koji daju ritam (plausores): „Adhuc: quicquid per se ipsum efficit illud ad quod factum est, nobilius esse videtur quam quod extrinseco indiget: sed cantiones per se totum quod debent efficiunt, quod ballate non faciunt: indigent enim plausoribus, ad quos edite sunt.. ."*Nav. delo*, II, 3, 183-184.

[3] Na pitanje, koje se samo nameće, o protivurečnosti između mesta koje je Dante dodelio sonetu i uloge koju će imati u potonjoj italijanskoj i evropskoj književnosti pokušao je da da odgovor M. Fubini. Prvo, *De vulgari eloquentia* delo je nedovršeno, pa je pitanje šta bi Dante rekao o sonetu kad bi o njemu govorio opširnije i kako bi objasnio to što između

Kanconom, koja je provansalskog porekla, služe se pesnici sicilijanske i prelazne škole, modifikuju je stilnovisti, kodifikuje je Dante, a konačni joj oblik daje Petrarka. Petrarkina ili kako je zovu klasična kancona samo je jedan od primera na koji način Dante i Petrarka uniformišu raznolikost, karakterističnu za provansalsku i sicilijansku liriku, dajući pri tome kanconi stroži, promenama manje podložan oblik (to se, kao tendencija, oseća još i kod Gvitonea i Gvinicelija. Međutim, već kod Petrarke sonet potiskuje kanconu i postaje najznačajnija forma.

Posle Petrarke život kancone biće promenljiv. Uporedo sa sonetom, ona će deliti sudbinu petrarkizma. Nestankom petrarkizma (ukoliko se uopšte može utvrditi kad u stvari nestaje ta večita, „hronična bolest" italijanske poezije), kancona, za razliku od nekih drugih stalnih oblika, traje u italijanskoj književnosti, iako gubi svoju dotad povlašćenu ulogu.

U raznim razdobljima razvitka te književnosti pesnici će se prema kanconi različito odnositi: ili će je, uz strogo pridržavanje Petrarkine šeme i kao potvrdu sopstvene virtuoznosti, prihvatiti, ili će je menjati (najpre Lorenco dei Mediči pa onda, naročito, pesnici baroka), ili će je odbacivati. Međutim, sve do Kardučija i D'Anuncija, odnosno zaključno s njima, kancona se održava u italijanskoj književnoj tradiciji. Održava se kao mogućnost izbora, kao „uzvišeno, aristokratsko, razmišljanje, iskaz pesnika, svesnog da uzvišene stvari govori uzvišenoj publici".[4]

U predromantizmu i romantizmu ovaj stalni oblik će pre svega buditi asocijacije na Petrarkinu kanconu *Italia mia* i biće vezan za njeno značenje i njen značaj. Već s Montijem i Alfjerijem, a potom s Foskolom, Manconijem i Leopardijem, kancona postaje jedan od najomiljenijih oblika patriotske poezije. Sam Leopardi je, u skladu sa svojom poetikom i kako, za razliku od nekih italijanskih književnih istoričara, smatra El-

---

„ritmičkog i jezičkog oblika" soneta „*Tanto gentile,...*" i „ritmičkog i jezičkog oblika" kancone *Donne ch'avete* nema razlike. Drugo, Danteova hijerarhija metričkih formi zasnovana je na istorijskoj stvarnosti, na književnim prilikama XIII veka (*Metrica e poesia*, Milano 1962, 161–162).

[4] *Isto*, 160.

vert, upravo polazeći (kao Monti i Manconi) od Petrarkinih kancona,[5] od ove pesničke forme stvorio svoj osobeni poetski oblik, koji odgovara njegovoj poeziji. Učinio je to postepeno se odvajajući od Petrarkinog modela, sve dok nije temeljito izmenio postojeću strukturu kancone, koja u to vreme već ima znatno suženo, po nekima čak samo paradno značenje. Na taj način on je takoreći izvršio neku vrstu „metričke revolucije u italijanskoj poeziji"[6].

Za primer istorije i geografije[7] ovog stalnog oblika u okvirima evropske književnosti, mogli bismo, ostavljajući po strani romansku književnost, navesti da nemački romantizam prihvata kanconu, dok u ruskoj književnosti nailazimo samo na neke njene stilizacije i to tek u pesnika kao što su Brjusov, Severjanin, Kuzmin.

U nas prevođenje kancona (što će, pre svega značiti Petrarkinih)[8] potiče još iz vremena kad se u našem pesništvu pre-

---

[5] U studiji *Lo svolgimento della forma metrica della poesia lirica italiana dell' Ottocento* (u R. Cremente i M. Pazzaglia, *Metrica*, Bolonja 1972, 365–372), Elvert ističe značaj Montijeva povratka Petrarkinoj pravilnoj kanconi kao važne novine u prelazu ka romantičarskoj poeziji, što će potom slediti Manconi, isto tako za političke sadržaje, u *Aprile 1814*, *Il Proclama di Rimini*. Elvert takođe ističe, kao što je to već odavno primetio Karduči, da se Leopardijeva slobodna kancona ne oslanja na Gvidijevu, niti na modifikovanu Petrarkinu kanconu, takođe iz epohe baroka, što će biti uzor Alfjeriju i Foskolu, već se vraća direktno Petrarki. Fubini, naprotiv, u pomenutoj knjizi insistira na razlikama između Petrarkinih i čak prvih Leopardijevih kancona.

[6] Može se pratiti taj razvoj Leopardijeve kancone „od njenih petrarkističkih početaka do zrelog, odista leopardijevskog oblika" (W.Th. Elwert), ako se pođe od analize *All' Italia* i *Sopra il monumento di Dante* (obadve iz 1818) pa preko *Bruto minore* (1821), *Alla primavera* (1822), *Alla sua donna* (1823) sve do *A Silvia* (1828).

[7] „Za razliku od književnih, metrički žanrovi dopuštaju da se odrede relativno homogeni i ograničeni, kao i istorijski i značenjski definisani strukturalni prostori unutar kojih je moguće rekonstruisati gusti splet odnosa, izmeriti postojanost inovacije, utvrditi osnovne linije razvoja". R. Cremente, *Metrica italiana* u *La metrica*, 226. Fubini insistira na horizontalnoj istoriji stalnih metričkih oblika, a ne na vertikalnoj: treba ih proučavati samo u njihovom uzajamnom odnosu, egzistenciji, stavljajući akcenat na izbor pesnika. *Nav. delo*, 95.

[8] Osim Petrarkinih, u nas su pre svega prevođene Danteove kancone. Ali kao što je i razumljivo, znatno je manje prevoda Danteovih manjih

vođenje nije odvajalo od originalnog stvaralaštva i kad su retki bili pesnici (npr. Zoranić, Betera) koji prevedeni tekst nisu smatrali sopstvenim izvornim delom. Još je Marulić, heksametrom, preveo na latinski *Vergine bella*, dok će na naš jezik tu, u nas najviše prevođenu Petrarkinu kanconu, u istom vremenu prevesti Franjo Božićević Natalis.[9] Mnoge su reminiscencije

dela nego *Božanstvene komedije*. Ako ne računamo prevod-ilustraciju uz tekst nekoliko stihova dveju kancona *Donna pietosa e di novella etate* Lozovine, u njegovoj *Povijesti talijanske književnosti* iz 1909, prvi prevodi Danteove kancone objavljeni su 1922. u „Hrvatskoj prosvjeti" (br. 13–14, 333–336). Prevodilac Marko Soljačić je u ovim prevodima (*O gospe, koje znate ljubav što je*, *Milosna gospa i mlađanih ljeta* i *Amor me drži vrlo dugo tako*) poštovao zahteve kancone, iako ga je to, očito, stajalo mnogo truda. U Zagrebu je povodom jubileja izašao 1965. godine prvi potpuni prevod *Vita nuova* Đ. Ivankovića. Iste godine izlazi i recenzija J. Jerneja („Studia Romanica et Anglica Zagrabiensia", 1965, n 19–20, 111–130). Iako iznosi neke zamerke, naročito u pogledu pravilnosti stiha i nekolike sitnije u značenju, recenzija je veoma pohvalna. Nasuprot tome, M. Tomasović (*Komparativistički zapisi*, Zagreb 1976) ovaj prevod ocenjuje vrlo oštro. Istih godina, 1964–1965, po časopisima izlaze parcijalni prevodi *Vita nuova* T. Maroevića i M. Tomasovića, da bi kao posebna knjiga izašli u Rijeci 1970, a potom bili preštampani u Danteovim *Djelima* 1976. F. Čale u „Studia Romanica et Anglica Zagrabiensia", 1970/1971, n. 29–32, 648–650, upoređuje ova dva novija prevoda, izdvajajući poslednji i po modernosti verzije, i po stihu, i po starom, a obnovljenom jeziku.

[9] Prevod Marulićeva *Ad Verginem beatum* objavljen je godine 1516. u Veneciji, u drugom izdanju moralno poučnog dela *Evangelistarium*. T. Matić je 1920. godine objavio prevod Božićevića *Pisan alit molitva gospodina Frančiska Petrarke od Dive Marije Bogorodice pričiste, po Frani Božićevića u veras čestito stumačena* (*Građa za povijest književnosti hrvatske*, knj. IX) i dokazao da je ovaj Marulićev biograf prevodio s originala a ne s latinskog Marulićevog prevoda. Više od tri veka će proći do novog prevoda ove kancone: 1891. će Vinko Premuda objaviti svoj prevod u sarajevskom časopisu „Vrhbosne", br. 5. Četvrti je prevod A. Tresić-Pavičića („Prosvjeta", 1894, br. 14), a peti M. Pavelića (*Iz duhovne lirike*, Zagreb 1937). Najnoviji prevod je Čaleov. O ovim prevodima, uz analizu nekih od njih, pominjući prethodne italijanske studije (B. Calvi, Lo Parco i A. Cronia) pisali, između ostalih: F. Čale, *Petrarca i petrarkizam*, Zagreb 1971 (preštampano u Kanzonier, 1125–1129), M. Tomasović, *nav. delo*, 74–81, M. Franičević, *Hrvatska renesansna poezija između petrarkizma i domaće tradicije* u *Petrarca i petrarkizam u slovenskim zemljama*, Zagreb – Dubrovnik, 1978, 208–210.

Za nas je najznačajnije pratiti razvojni put prevodilačkog pristupa; od dvostruko rimovanih dvanaesteraca preko nategnutog prevoda, ali kona Petrarkine kancone (primer Šiška Menčetića Vlahovića, poslednja, 366. pesma njegova Kanconjera, potom Zoranića, Nalješkovića).[10] Prema tome, stari pisci su se, iako mnogo ređe, pored soneta laćali i kancona, a prevodili su ih na isti način: dvostruko rimovanim dvanaestercem. Međutim, poznato je da se, osim onih nekoliko izuzetaka, sonet, kao ni kancona, i to najverovatnije iz sličnih razloga, nije odomaćio u našoj starijoj književnosti.[11]

U doba romantizma, kad će, iz razumljivih, rodoljubivih pobuda, i u nas biti izuzetno popularne izvesne Petrarkine kancone, pristup prenošenju kancona na srpskohrvatski jezik nije mnogo drugačiji od onog u staroj književnosti Dalmacije i Dubrovnika. Kancona se, da upotrebimo Slamnigovu formulaciju, uključuje u domaći sistem pevanja tada popularnim desetercem, a ne više dvanaestercem. U nizu prevodilaca tek Tre-

---

ji će voditi računa o obliku kancone (Premuda), i slobodnijeg, na mnogim mestima i uspelog prevoda Tresić-Pavičića (smenjivanje dosta pravilnih jedanaesteraca i deveteraca uz izvesna izneveravanja šeme rimovanja) do dobrih prevoda Pavelića i Čalea.

[10] F. Čale u citiranoj studiji govori, pored Petrarkine kancone, o prisustvu Danteovih nekoliko stihova iz XXXIII pevanja *Raja*, koji su „nadahnuli" Menčetića, kao i o Nalješkovićevim *Pjesnima bogoljubnim*, gde se osećaju reminiscencije na Petrarku i na Dantea (*nav. delo*, 1130–31). A M. Tomasović, oslanjajući se na Torbarinu, pominje između ostalih prva dva stiha CCLVIII kancone i nekoliko početnih stihova XXIII kancone u vezi sa Zoranićevim *Planinama* (*nav. delo*, 119–120).

[11] Objašnjenje koje je S. Petrović (*Problem soneta u starijoj hrvatskoj književnosti. Oblik i smisao*, RAD JAZU, 1968, knj. 350, 5–303) dao za odsustvo soneta u starijoj književnosti Dubrovnika i Dalmacije moglo bi se, kako se nama čini, proširiti i na problem kancone. Kao i sonet, oblik vrlo karakteristično obilježen, a izrazite i dobro poznate tradicije", i kancona je ovim pesnicima bila vezana za „talijansko pjesništvo jedne vrste" pisano „talijanskim jezikom na jedan određeni način". „Veza sa zaleđem" i izrazito metametričko značenje oblika, u ovom slučaju kancone, nama se čini da su razlozi i njenog odsustva. Pesnici „nisu prihvatali ni onih talijanskih pjesničkih oblika koje nisu mogli prihvatiti kao puke metričke konvencije" (str. 97–98). F. Čale je pokušao da ospori neke od ovih Petrovićevih postavki: *Alcuni aspetti formali del petrarchismo croato u Petrarca i ...*, 127–142. Inače, prof. Petrović na međunarodnom simpozijumu *Dante i slavenski svet*, održanom 1981. u Dubrovniku, ukazuje na dosad neprimećenu kanconu u Ranjininom zborniku (up. *Pjesme Šiška Menčetića Vlahovića i Giora Držića*, Zagreb 1870, 447–448).

sić-Pavičić i Pavelić počinju svojim prevodima da poštuju stilsko značenje oblika kancone.[12]

Kao primer različitog pristupa prevođenju, odnosno, još više: kao primer teškoća pri adekvatnom prenošenju ovog stalnog oblika na naš jezik, navešćemo tri novija prevoda slavne kancone *Chiare fresche e dolci acque*, i to prevod Ljubomira Simovića, Mirjane Rodić i Frana Čale. Dok Simović daje sebi najviše slobode u pogledu stiha (mešanje šesterca, sedmerca, jedanaesterca, dvanaesterca, trinaesterca i petnaesterca) i u pogledu strofe (izuzev identičnog broja stihova i završetaka parnom rimom unutar stanci, ne postoje nikakve druge pravilnosti koje bi se ponavljale i na taj način davale Petrarkinoj kanconi i te kako potrebnu „unutrašnju čvrstinu"), dotle Rodićeva do-sledno sprovodi Petrarkinu šemu rimovanja, ali uz potpuno nepoštovanje metra. Kod Čale, međutim, osim nekih sitnih, zanemarljivih, odstupanja, imamo potpuni sklad između ove, tzv. formalne strane prevoda i adekvatnosti smisla. Ali čak ni Čale, jedan od onih modernih prevodilaca koji pri prevođenju kako starije, tako i novije italijanske lirike najviše vodi računa i o svim zahtevima oblika originala, ovde nije uspeo da prvi stih kancone *Chiare fresche e dolci acque* prevede odgovarajućim metrom:

Bistro, svježe i ljupko vrelo.[13]

Tako čak i Čalini prevodi problem prevođenja kancona na naš jezik ostavljaju otvorenim. Jer: kako verno preneti sve ono što prati taj stalni oblik, sve asocijacije koje u italijanskog čitaoca on izaziva sam po sebi, već samim svojim spoljnim izgledom! Koliko taj oblik gubi prenošenjem u sredinu gde gotovo da nema nikakve književne tradicije[14] (jer ne možemo

---

[12] Đ. Deželić („Danica ilirska", 1864, br. 16) prevodi *Chiare, freschee dolci acque* desetercem, a u pomenutoj istoriji italijanske književnosti Lozovina će petu stancu kancone *Italia mia* prevesti smenjivanjem jedanaesterca i sedmerca, dosledno se pridržavajući šeme rimovanja.

[13] Up. F. Petrarka, *Kanconijer*, 342–347; Lj. Simović; „Sveže, slatke vode u bistrome toku" (*Izbor*, Beograd 1968, 56–61); M. Rodić: „Bistre, sveže, mile vode" (*Soneti i kancone*, Beograd 1969, 49–51).

[14] I A. Tresić-Pavičić i M. Korolija služe se klasičnom, petrarkističkom kanconom za rodoljubive sadržaje. Npr. Tresić-Pavičićeva kancona *Sa Kninske tvrđave* (Zagreb 1902) i Korolijine: *Kancona nade i stremlje-*

smatrati tradicijom ono nekoliko primera kancona u pesnika kao što su Tresić-Pavičić, Begović, Korolija, koji su, ovim ili onim vidom svoje poezije, vezani za italijansku književnost)[15]. Taj problem osobito dolazi do izražaja kad je reč o prevođenju Leopardijevih kancona: kako metrički adekvatno iskazati novinu tih kancona, ono postepeno razbijanje stega ovog zatvorenog metričkog oblika, kad u svesti naših čitalaca (izuzimamo, naravno, stručnjake) ne postoji čak ni onaj klasični primer kancone?

Od prvog (1849. godine) Pucićevog prevoda kancone Leopardija, koji je sam u odnosu na prevođenje bio veoma skeptičan, pa do skorašnjeg vremena, Leopardijeve kancone su mnogo prevođene (kao što je poznato, Leopardi je uopšte jedan od u nas najviše prevođenih italijanskih pesnika[16]). U prvim prevodima, znači kod Pucića, Buzolića, Ostojića i Tomanovića, kancona se uglavnom pretvara u deseterački oblik, ponekad samo podeljen na strofe, mahom bez rime, i izgleda kao obična poduža pesma. Tu od kancone kao stalnog oblika ne ostaje ništa pa, umesto onog specifičnog smenjivanja sedmeraca i jedanae-steraca, dobijamo guslarsku pesmu. To je i razumljivo, pošto se kancona kao, uostalom, i sva tadanja pre-

---

nja, *Sokolska kancona*, *Osvetna kancona* (*Pesme*, Beograd 1933) i *Kancona o smrti učitelja velikog Dositeja*.

[15] Na podatak da su u nas kancone pisali Tresić-Pavičić, Begović i Korolija naišli smo u *Uvodu u književnost*, Zagreb 1968. Kod nekih pesnika, kao npr. pesnika-prevodilaca italijanske književnosti, mada smo očekivali ovaj stalni oblik, nismo ga našli. Iako bi se daljim istraživanjem moglo naići na još nekog pesnika kancone (kao na Rikarda Nikolića, „Srpski književni glasnik", 1911, br. 9, 673–675, s kanconom *Sinjem Jadranu*), to još ne bi značilo da se može govoriti o tradiciji kancone u nas, za razliku od, recimo, tradicije seste rime, koja traje od kraja XVI veka pa do najnovijeg vremena.

[16] Čak je i literatura o prevodima Leopardija znatna: G. Maver, *Leopardi presso i Croati e i Serbi*, „Rivista di letterature slave", 1929, IV, 99–163; M. Machiedo, *Ancora sulla fortuna di Giacomo Leopardi in Yugoslavia*, „Studia Romanica et Anglica Zagrabiensia", 1962, n. 12-14, 123–139; S. Musić, *O prevođenju Leopardija na srpskohrvatskom jezičkom području*, „Naučni sastanak slavista u Vukove dane", 1981, 75–84; M. Z. Lazara Tomanovića prevodi Petrarke, Foskola i Leopardija, „Prilozi za književnost, jezik, istoriju i folklor" 1979, knj. XLV, 59–76.

vodilačka poezija u nas, prilagođava umetničkom nivou naše književnosti i, kako je još davno rekao Maver: umesto da prevode Leopardija, prevodioci su na kraju imitirali narodne pesme ili pak pesme nekoga od domaćih najistaknutijih pesnika (Njegoša, Branka Radičevića).

Početak poštovanja izvorne metrike, tj. veliki korak napred u prenošenju Leopardijeve, kao uostalom i Petrarkinih kancona, učiniće Ante Tresić-Pavičić prevodima *All' Italia* i *Ultimo canto di Sapho* („Prosvjeta", 1893, br. 38,40), a najviši domet u na-stojanju da se prilikom transpozicije, vernim prenošenjem metričke strukture i svih ostalih značenjskih komponenti kancone (a iz tolikih primera znamo koliko jedno ne mora da uslovljava drugo) u našeg čitaoca „izazove približno isti utisak kao i u čitaoca originala",[17] još uvek predstavljaju prevodi Miličića, Nazora i Alfirevića. Iako se i tim pesnicima – – prevodiocima potkrade pokoja omaška i u metru i u smislu, oni verno prenose strukturu Leopardijeve kancone i zadržavaju sve njene specifičnosti. Ovde bismo pre svega izdvojili prevode Sibe Miličića (mada majstorski, Nazor je nažalost preveo samo dve kancone). Nama se čini da su Miličićeve kancone bliže duhu originala nego Alfirevićeve. I uza sve ograde, može se reći da je kod Miličićevih prevoda moguće pratiti ono postepeno menjanje Leopardijeve kancone, koje se u prevodu kreće od *Poslednje Safine pesme* do *Noćne pesme jednog azijskog bludećeg pastira*. Miličić održava aliteraciju sedmerca i jedanaesterca, i to čak na istim mestima kao u originalu (doduše, ponekad mu se desi da za kratki stih uzme peterac, šesterac); u njega je i rima, sa svim Leopardijevim specifičnostima, sačuvana, a što je veoma značajno, naročito kad je reč o obeležavanju završetka stanci, Miličić tu ponekad pronalazi odista majstorska rešenja.[18]

---

[17] R. Konstantinović, *O prevođenju poezije* u *Teorija i poetika prevođenja*, Beograd 1981, 126. Inače, o istim problemima u prenošenju smisla, oblika originala, o adekvatnom prevodu, ekvivalentima u prevodu, vidi kod I. Slamnig, *nav. delo*.

[18] („Ali u kodifikovanim poetskim formama, kao što su sonet, oktava i kancona, rima i ritam predstavljaju odlučujuće činioce". Up. K. Vossller, *Stile, ritmo e rima nel Petrarca e nel Leopardi*, u *Metrica...* 262.)

Obeshrabruje nas činjenica da nakon ovih, manje-više vernih prevoda iz vremena od tridesetih do pedesetih godina, novi prevodi, i oni Smerdelovi u Zagrebu, i oni iz antologije evropskog romantizma, i onaj iz izbora *Pesme i proza* Leopardija u Beogradu,[19] predstavljaju zapravo korak nazad: kancone u ovim prevodima gube sve što su u starima još imale, počev od stiha (nedopustivo mešanje od deveterca do petnaesterca) pa do nepoštovanja sistema rimovanja. U vezi s ovim samo nam se nametnulo poređenje između napomene priređivačā *Talijanske lirike* (1939) i *Pesništva evropskog romantizma* iz 1968: i jedan i drugi su mišljenja da će veća metrička sloboda omogućiti lakše prenošenje ritma i smisla originala, što se, bar kad je reč o italijanskoj kanconi, ni u jednom ni u drugom slučaju nije ostvarilo.[20]

Sa stanovišta prevođenja, za nas je posebno zanimljiva varijanta kancone *sestina* (sestina lirica). *Sestinu* je, kao što je poznato, u italijansku poeziju uveo Dante, i to po uzoru na provansalskog trubadura Danijela Arnoa, kome je to, opet, bio samo jedan od mogućih načina povezivanja strofa u kanconi. Ovaj stalni lirski oblik izuzetno složene kompozicije, za razliku od drugih stalnih oblika, ne zasniva se na rimi, već na ponavljanju kako zvukovnom, tako i semantičkom, završnih reči (*parole desinenze*)[21] kroz šest strofa i završetak (*commiato*), na principu *retrogradatio cruciata*. Posle Petrarke sestina će petrarkistima, i to ne samo italijanskim, predstavljati izazov za njihovo pesničko umeće: mogućnost da namerno, otvorenije

---

[19] Up. T. Smerdel, *Lirske pjesme*, Zagreb 1971; Đ. Leopardi, *Pesme i proza*, Beograd 1976 (kanconu *Italiji* prevela M. Rodić).

[20] U *Talijanskoj lirici* priređivač ističe slobodu koja omogućava da se lakše postigne „ritam izvornika i onaj neizrecivi poetski srh...", a u *Pesništvu evropskog romantizma* stoji: „Nismo zahtevali da ti prevodi (u stihu) uvek budu metrički adekvatni, jer je napor prevodilaca da u prevodu ponove metričku shemu originala suviše često dovodio do nategnutosti koje su činile originalni smisao zamućenim, deformisanim i u krajnjoj liniji nečitljivim".

[21] I stariji (Casini, Guarnerio) i noviji metričari (Elwert, Fubini, Di Girolamo) ove završne reči u sestini u stvari zovu *parole rime*. Na termin *parole-desinenze* naišli smo kod G. Mari, *La sestina* u *La metrica...*, 301––307.

no u ostalim oblicima, pokažu svoju pesničku veštinu. Pošto je poduže izbivala iz italijanske poezije, sestina će, očito svojom artificijelnošću, privući i pesnike kao što su Karduči i D'anuncio. Kao što znamo, u nas se sestina prvi put javlja pri pokušaju Dinka Ranjine da adaptira, parafrazira, Petrarkinu sestinu *A qualunque animale alberga in terra* (*Ka god zvir, vjeruj, jest pod nebom na svitu*), tačnije, njene prve četiri strofe. Međutim, to je zapravo ispala neka modifikacija sestine, jer će Ranjina, umesto uobičajene šeme sestine, šest završnih reči (*sviti, viditi, dan, dan, gore, zore* za Petrarkine *terra, sole, giorno, stelle, selva, alba*) sprovesti kroz četiri strofe na taj način što će poslednja, završna reč iz prethodne strofe uvek biti prva u narednoj (ABCDEF – FEDCAB – BAFECD – DCEFAB), a u završetku, *commiatu* će upotrebiti pet od šest reči (CDB – FA). I, prilagođavajući italijansku sestinu u jedanaestercu domaćim dubrovačkim dvostruko rimovanim dvanaestercima, stavljajući sebi dvostruke okove, Ranjina će, izuzev jedne homogene rime (la rima equivoca) uspeti da sačuva osnovna pravila sestine.[22]

Potonji prevodioci, ako izuzmemo one koji sasvim prenebregavaju zakonitosti ovog oblika, pa njihovi prevodi više i nisu sestine,[23] vernije su se držali originala pri prevođenju sestine nego u slučaju kancone.[24] Objašnjenje za to najverovatnije

---

[22] Oblik završnih reči i osnovni semantički sadržaj ostaju isti, samo dolazi do izmene u nijansi značenja, izazvane različitim kontekstom reči. Ranjina uspeva da mu završne reči budu jednosložne i dvosložne pre svega, i imenice, kao što su to i zahtevali stariji metričari. Ovaj Ranjinin metrički napor Torbarina će (*Petrarca u renesansnom Dubrovniku*) nazvati *tour de force* metrike. (Up. izuzetnu analizu završnih reči u sestini C. Di Girolamo, *Forma e significato della parola rima nella sestina* u *Teoria e prassi della versificazione*, Bolonja 1976, 155-167.)

[23] Kao što su, na primer, prevodi O. Delorka u *Iz Kanconijera*, Zagreb 1951. i V. Košutića u V. Đurić, *Lirika*, Beograd 1965.

[24] Tako čak i kod prevodilaca koji prenebregavaju šemu kancone (npr. Lj. Simović) vidimo, izuzev metra, dosledno sprovođenje svih šest završnih reči kroz sve strofe, ali ne uvek u istom obliku. U *Kanconijeru*, u svih devet prevoda sestine (6 preveo Čale, 2 Tomasović, a 1 Maroević-Tomasović): uvek besprekoran jedanaesterac i dosledno sprovođenje 6 reči u istim padežnim oblicima kroz 6 strofa i kroz poslednju, što potpu-

leži u izuzetnoj obeleženosti, u hipertrofiranosti ovog oblika kojom se on prevodiocu nameće. Uostalom, ma koliko u književnih kritičara izazivala odbojnost,[25] ta hipertrofiranost je, u doba kad je u Italiji nije bilo, privlačila pesnike drugih prostora. A neće joj, u svojim *Sextinama čežnje*, odoleti ni naš pesnik Begović.[26]

Kroz ovaj kratki i zasigurno nepotpun pregled prevođenja kancone i sestine u nas[27] namerno smo težište stavljali na problem prenošenja zakonitosti samog oblika, svesni da prevod, i kad zahtevi oblika budu zadovoljeni, ne mora biti uspeo, ali u isto vreme i uvereni da pri prevođenju nekog utvrđenog lirskog oblika, koji već ima svoju tradiciju i samostalno značenje, zahtevi tog oblika ne mogu biti zanemareni.

---

no odgovara postavljenom zadatku, navedenom u napomeni. Izuzeci: u XXX izgubljena igra reči lovor / zlato; y LXXX, u završnoj strofi je ista reč ali drugi oblik; u dvostrukoj sestini Čale, samo na jednom mestu, zadržava istu reč, ali promenjen oblik reči; U CXLII, u *commiato* jedna od šest reči nije sprovedena.

[25] Npr. De Sanktis će je nazvati nespretnom, izveštačenom i pretencioznom formom (*Saggi critici*, Bari 1969), a S. Petrović će u *Uvodu u književnost* uzgredno primetiti da je neke pisce i prevodioce ovaj oblik „unesrećio".

[26] Up. *Knjiga Boccadoro*, u *Pesme i drame*, Beograd 1966, gde se pesnik dosledno drži šeme sestine, ali u *commiato* upotrebljava 3 završne reči umesto 6.

[27] Posle ovog rada objavljeni su novi prevodi iz italijanske poezije, zanimljivi za našu temu, posebno S. Brkića prevod Danteovog *Novog života*, Novi Sad, 1992., i D. Maroevića prevod Leopardijeve pesme *Počinu zauvek umorno srce moje*, Podgorica 1996.

STIH SRPSKOHRVATSKIH PREVODA SA ITALIJANSKOG U DRUGOJ POLOVINI XIX VEKA

Ova analiza rađena je na osnovu u drugoj polovini XIX veka u nas štampanih prevoda iz italijanske poezije i to Dantea, Petrarke, Ariosta, Tasa, Foskola, Leopardija i Manconija. O pojedinim od ovih pesnika i njihovu mestu u našoj književnosti postoje posebne studije, a o nekima, kao na primer o Danteu i Leopardiju, i više njih.[1] Na osnovu tih studija, a i ne samo na osnovu njih, pokušali smo da ukažemo na neke opšte pravilnosti u izboru stiha pri prevođenju italijanskog pesništva, odnosno u uspostavljanju ekvivalenata za italijanski stih.

Kad kažemo italijanski stih, mislimo, naravno, prevashodno na *endecasillabo*, ali i na druge, kraće stihove, posebno *settenario*, kao i na smenjivanje, u slučaju kancona, jedanaesterca sedmercem (*endecasillabo/settenario*).

U drugoj polovini XIX veka italijanski endekasilabo preveđen je na naš jezik trima stihovima: desetercem (4+6), dvanaestercem (6+6) i jedanaestercem (5+6).

---

[1] A. Cronia, *La fortuna di Dante nella letteratura serbo-croata*, Padova 1965; R. Vidović, *Dante nelle traduzioni croate e serbe* u Zbornik o Danteu, Beograd 1968, 89–157; *Dante i slavenski svijet*, Zagreb 1984; F. Čale, *Petrarca i petrarkizam*, Zagreb 1971; *Petrarka i petrarkizam u slavenskim zemljama*, Zagreb–Dubrovnik 1978; F. Čale, *Torquato Tasso e la letteratura croata*, „Studia Romanica et Anglica Zagrabiensia", 1969, br. 25–27, 169–206; J. Jernej, *Foscolo presso i Croati e i Serbi*, „Studia Romanica Zagrabiensia", 1957, br. 4, 3–17; M. Zorić, *Manzoni nelle letterature iugoslave*, „Studia Romanica et Anglica Zagrabiensia", 1974, br. 38, 147–212; G. Maver, *Leopardi presso i Croati e i Serbi*, „Rivista di letterature slave", 1929, IV, 99–163; M. Machiedo, *Ancora sulla fortuna di Giacomo Leopardi in Yugoslavia*, „Studia Romanica et Anglica Zagrabiensia", 1962, br. 12–14, 123–139; S. Musić, *O prevođenju Leopardija na srpskohrvatskom jezičkom području*, „Naučni sastanak slavista u Vukove dane", 1981, 75–84.

leži u izuzetnoj obeleženosti, u hipertrofiranosti ovog oblika kojom se on prevodiocu nameće. Uostalom, ma koliko u književnih kritičara izazivala odbojnost,[25] ta hipertrofiranost je, u doba kad je u Italiji nije bilo, privlačila pesnike drugih prostora. A neće joj, u svojim *Sextinama čežnje*, odoleti ni naš pesnik Begović.[26]

Kroz ovaj kratki i zasigurno nepotpun pregled prevođenja kancone i sestine u nas[27] namerno smo težište stavljali na problem prenošenja zakonitosti samog oblika, svesni da prevod, i kad zahtevi oblika budu zadovoljeni, ne mora biti uspeo, ali u isto vreme i uvereni da pri prevođenju nekog utvrđenog lirskog oblika, koji već ima svoju tradiciju i samostalno značenje, zahtevi tog oblika ne mogu biti zanemareni.

---

no odgovara postavljenom zadatku, navedenom u napomeni. Izuzeci: u XXX izgubljena igra reči lovor / zlato; y LXXX, u završnoj strofi je ista reč ali drugi oblik; u dvostrukoj sestini Čale, samo na jednom mestu, zadržava istu reč, ali promenjen oblik reči; U CXLII, u *commiato* jedna od šest reči nije sprovedena.

[25] Npr. De Sanktis će je nazvati nespretnom, izveštačenom i pretencioznom formom (*Saggi critici*, Bari 1969), a S. Petrović će u *Uvodu u književnost* uzgredno primetiti da je neke pisce i prevodioce ovaj oblik „unesrećio".

[26] Up. *Knjiga Boccadoro*, u *Pesme i drame*, Beograd 1966, gde se pesnik dosledno drži šeme sestine, ali u *commiato* upotrebljava 3 završne reči umesto 6.

[27] Posle ovog rada objavljeni su novi prevodi iz italijanske poezije, zanimljivi za našu temu, posebno S. Brkića prevod Danteovog *Novog života*, Novi Sad, 1992., i D. Maroevića prevod Leopardijeve pesme *Počinu zauvek umorno srce moje*, Podgorica 1996.

STIH SRPSKOHRVATSKIH PREVODA SA ITALIJANSKOG U DRUGOJ POLOVINI XIX VEKA

Ova analiza rađena je na osnovu u drugoj polovini XIX veka u nas štampanih prevoda iz italijanske poezije i to Dantea, Petrarke, Ariosta, Tasa, Foskola, Leopardija i Manconija. O pojedinim od ovih pesnika i njihovu mestu u našoj književnosti postoje posebne studije, a o nekima, kao na primer o Danteu i Leopardiju, i više njih.[1] Na osnovu tih studija, a i ne samo na osnovu njih, pokušali smo da ukažemo na neke opšte pravilnosti u izboru stiha pri prevođenju italijanskog pesništva, odnosno u uspostavljanju ekvivalenata za italijanski stih.

Kad kažemo italijanski stih, mislimo, naravno, prevashodno na *endecasillabo*, ali i na druge, kraće stihove, posebno *settenario*, kao i na smenjivanje, u slučaju kancona, jedanaesterca sedmercem (*endecasillabo/settenario*).

U drugoj polovini XIX veka italijanski endekasilabo preveden je na naš jezik trima stihovima: desetercem (4+6), dvanaestercem (6+6) i jedanaestercem (5+6).

---

[1] A. Cronia, *La fortuna di Dante nella letteratura serbo-croata*, Padova 1965; R. Vidović, *Dante nelle traduzioni croate e serbe* u Zborniku o *Danteu*, Beograd 1968, 89–157; *Dante i slavenski svijet*, Zagreb 1984; F. Čale, *Petrarca i petrarkizam*, Zagreb 1971; *Petrarka i petrarkizam u slavenskim zemljama*, Zagreb–Dubrovnik 1978; F. Čale, *Torquato Tasso e la letteratura croata*, „Studia Romanica et Anglica Zagrabiensia", 1969, br. 25–27, 169–206; J. Jernej, *Foscolo presso i Croati e i Serbi*, „Studia Romanica Zagrabiensia", 1957, br. 4, 3–17; M. Zorić, *Manzoni nelle letterature iugoslave*, „Studia Romanica et Anglica Zagrabiensia", 1974, br. 38, 147–212; G. Maver, *Leopardi presso i Croati e i Serbi*, „Rivista di letterature slave", 1929, IV, 99–163; M. Machiedo, *Ancora sulla fortuna di Giacomo Leopardi in Yugoslavia*, „Studia Romanica et Anglica Zagrabiensia", 1962, br. 12–14, 123–139; S. Musić, *O prevođenju Leopardija na srpskohrvatskom jezičkom području*, „Naučni sastanak slavista u Vukove dane", 1981, 75–84.

Od dvanaest prevodilaca *Božanstvene komedije* u vremenu od 1850. pa do kraja veka desetorica se opredeljuju za asimetrični deseterac, sa rimom ili bez nje (šest rimovanih prema četiri nerimovane verzije)[2], a dvojica za jedanaesterac (5+6), i to jedan sa sporadičnom rimom, a drugi sa rimom originala.[3] Ukupno 7060 stihova *Božanstvene komedije* prevedeno je desetercem (4+6), a 1010 jedanaestercem (5+6).

U prevodima Petrarkinih soneta u drugoj polovini XIX veka kao ekvivalent za italijanski endekasilabo javlja se deseterac (4+6), jedanaesterac (5+6) i dvanaesterac (6+6). Asime-

[2] S. Ivićević, *Prevodi iz talijanskog*, „Glasnik dalmatinski", 1861, br. 8 (8 tercina, VII pevanje) i *Franjica Riminjka*, „Vienac", 1878, br. 26 (čitavo V pevanje); M. Pucić, *Danteova Frana s Rimine*, „Zviezda", 1863, br. 15 (V pevanje, stihovi 73–142); J. Sundečić, *Knez Ugolin, ulomak iz Danta Alighiera*, „Zviezda", 1863, br. 14, (XXXII, 124–139 i XXXIII, 1–90); Stj. Mitrov Ljubiša, *Smrt Ugolinova. Okrnjeno iz Dantova Pakla* u *Dubrovnik*, Split 1867, 374; P. Preradović, *Smrt kneza Ugolina*, „Vienac", 1870, br. 3 (XXXII, 124–139 i XXXIII, 1–87) i *V spjev Danteova „Pakla"*, „Vienac", 1870, br. 9 (preštampano u *Djela*, Zagreb 1919, knj. II (253–265); N.N, *Pokušaj ponašenja (iz V-ga spjevanja Pakla Dantea)*, „Narodni list", 1873, br. 59 (V, 79–142); P...ć, *Pokus prevoda. U III pjevanju Danteova „Pakla"*, „Narodni list", 1873, br. 76 (III, 1–5); D.A. Parčić, *Iz mudropojke „La Divina Commedia" od Danta Alighieria Pakla – Spjev I*, „Glavotok', 1875; J. Carić, *Danteova Pakla spjev III*, „Crvena Hrvatska", 1891, br. 2; I. Cabrić, *Dante Alighieri pjevanje I, II, III Pakla, pjevanje I, II, III Čistilišta*, „Hrvatska", 1896–8, br. 13, br. 16–19; *Iz Božanstvene komedije, pjevanje peto, Narodni koledar*, Zadar 1898, 119; S. Buzolić, *Božanstvena komedija, I. Pakao*, Zadar 1897 (prethodno pojedina pevanja u periodici od godine 1888), *Iz Danteove Božanstvene komedije. Spjev XXXIII Raja*, „Narodni list", 1900, br. 44.

Od ovih prevodilaca Pucić, N.N., Parčić, Cabrić i Buzolić prevode tercinama, a Ivićević rimovanim desetercima, ali rimom koja ne odgovara originalu (aba / bcc / bcd...). Kronija razdvaja kao različite prevodioce N.N. i D. Parčića, dok Vidović smatra da se radi o istom prevodiocu.

[3] Đ. Jugović, *III spjev Danteova pakla, Almanah mladeži konviktorske*, 1882–83 (Kronija u navedenoj studiji za ovaj prevod kaže da je „neočekivan događaj" u našim desetetračkim prevodima *Božanstvene komedije*); A. Tresić-Pavičić, *Matelda, Sordello, Čistilište. Ulomak*, „Vienac", 1893, br. 15, 18, 20; *Iz „Božanstvene komedije", I, II, III, V pjevanje Pakla*, „Novi vijek", 1897, br. 1, 4, 10.

tričnim desetercem prevedena su dva soneta, jedanaestercem četiri, a dvanaestercem dvanaest.[4]

Stih u prevodu Ariostova epa *Orlando furioso*, pisanog u oktavama endekasilabom, jeste deseterac (4+6) i dvanaesterac (6+6). Dvanaestercem je preveden ceo ep (41.456 stihova), a desetercem sasvim mali deo (304 stiha). Ariostove satire, pisane u jedanaesteračkim tercinama, prevedene su nerimovanim astrofičkim desetercem (4+6).[5]

Delove iz Tasovog epa *Gerusalamme liberata* jedan prevodilac prevodi (144 stiha) desetercem (4+6), jedan (188 stihova) dvanaestercem (6+6), a dvojica (545 stihova) metrom originala, odnosno jedanaestercem (5+6).[6] Jedanaestercem su prevedena i dva Tasova soneta.[7]

Od šestorice petorica prevodilaca Foskolove pesme *Dei Sepolcri* u drugoj polovini XIX veka, kao ekvivalent za itali-

---

[4] L.T(omanović), *Iz tužnijeh soneta (Frančeška Petrarke)*, „Javor", br. 15; *Iz Petrarkinijeh soneta*, „Stražilovo", 1885. br. 22 (ukupno prevedeno 12 soneta dvanaestercem); I. K. Ostojić, *Povjetarcem lepršala...*, „Narodni list", 1885, br. 7 (preveden desetercem); A. Vidovski, *Mira nemam...*, „Narodni list", 1891, br. 86 (asimetrični desetarac); A. Tresić-Pavičić, *Lauri*, „Vienac", 1893, br. 23 (četiri soneta prevedena jedanaestercem).

[5] S. Buzolić, „Orlando Furioso", *Pjevanje XIII* u *Bog, rod i svijet*, Zagreb 1896, 208–212 (Buzolić prevodi deseteračkim oktavama); D. Stanojević, *Bijesni Rolando*, Beograd 1897 (Stanojević je, kao što je poznato, najviše vodio računa o pravilnostima rime, a pošto je smatrao da je italijanski endekasilabo „sakatog ritma", opredeljuje se za dvanaesterac). St. Mitrov Ljubiša godine 1862. i 1865. u „Narodnom listu" objavljuje prevod nekoliko Ariostovih satira, potpuno u dikciji narodne poezije: „Kad me pitaš, dragi prijatelju, kako živim s vojvodom Alfonsom...".

[6] I. Dežman, *Pakleni sbor*, „Hrvatski koledar", 1862, br. 64–65 (IX, 1–18; dvanaesterac); Š. Stanić, *Tasso, Komad pivanja IIIga. Prvod*, „Glasnik dalmatinski", 1866, br. 77 (prevedeno 11 oktava dvanaestercem); A. Tresić-Pavičić, *Sadržaj i izabrano iz Jerusalima oslobođenog*, „Vienac", 1893, br. 36–39 (411 stihova prevedeno jedanaestercem); I. Mažuranić, *Početak Jerusalema oslobođenog* u *Pjesme*, Zagreb 1895, 206–208 (prvih osam oktava prevedeno jedanaestercem). Treba napomenuti da S. Nikolajević prevodi 331. oktavu u prozi. Up. *Listići iz književnosti*, Beograd 1883, 51–103.

[7] *Dva soneta u slavu Cvijete Zuzorićeve*, preveo A. Šenoa, „Vienac", 1874, br. 1.

janski nerimovani jedanaesterac (*endecasillabo sciolto*), uzimaju asimetrični deseterac (Buzolić čak i bez opkoračenja), a jedan, i to prvi od njih, jedanaesterac (5+6).[8] Leopardijeve pesme pisane jedanaestercem (*endecasillabo*) osam prevodilaca u periodu od 1863. do 1893. prevodi desetercem (4+6), a samo jedan jedanaestercem (5+6).[9]
Od Tasove pastorale *Aminta*, prevedena su u tom razdoblju samo 92 stiha, i to metrom originala (jedanaesterac/sedmerac).[10]
Stih stalnog lirskog oblika kancone kako starije, Petrarkine, tako i one novije, takozvane slobodne, Leopardijeve – jedanaesterac / sedmerac (*endecasillabo / settenario*) – svi prevodioci izuzev jednoga prevode u to vreme asimetričnim desetercem, dok taj jedan verno prenosi metar originala.[11]
Hor iz Manconijeve tragedije *Il Conte di Carmagnola*, pisan italijanskim desetercem (*decasillabo*), Buzolić prevodi asi-

---

[8] I. Trnski, *O Groblju, pjesma Huge Foskola*, „Vienac", 1869 (prevedeno jedanaestercem); V. Vežić, *Grobovi...*, „Vienac", 1870, II; S. Buzolić, *O grobovih Ipolitu Pindemontu*, „Slovinac", 1879, br. 8; L. Tomanović, *O grobovima*, „Javor", 1883; L. Svilović, *Grobovi*, „Javor", 1885; M. Car, *O Grobovima*, „Stražilovo", 1887.
[9] S. Buzolić prevodi *La sera del di di festa* („Zviezda", 1863, br. 30); *La vita solitaria* („Zviezda", 1863, br. 21); *Il sogno* („Glasonoša", 1864, br. 10); V. Vežić prevodi *Aspasia*, „Vienac", 1869, br. 28, 481–483; M. Neretvanin, *La sera del di di festa* „Hercegovački bosiljak", 1884, br. 3; J. Kapić, *Consalvo* „Narod", 1885, br. 56; T(omanović), *Le Ricordanze* „Crnogorka", 1884, br. 17; A. Tresić-Pavičić, *L'infinito* „Prosvjeta", 1893, br. 38, *Consalvo* „Prosvjeta", 1893, br. 39; samo on prevodi jedanaestercem.
[10] A. Tresić-Pavičić, *Iz Arminte* „Vienac", 1893, br. 39.
[11] Petrarka: Đ. Deželić prevodi kanconu *Chiare, fresche e dolci acque* „Danica ilirska", 1864, br. 16; V. Premuda, *Bogorodici*, „Vrhbosna" 1891, br. 5 i *Talijanskim velmožama da se trgnu za boljak domovine*, „Hrvatska", 1892, br. 8; A. Tresić-Pavičić, *Bogorodici*, „Prosvjeta", 1894, br. 14. – Leopardi: S. Buzolić prevodi *Ultimo canto di Saffo* „Glasonoša", 1864, br. 23; *Il passero solitario* „Zviezda", 1863, br. 16, *Alla sua donna* „Glasonoša", 1864, br. 31; *A Silvia* „Zviezda", 1863, br. 13; *Canto notturno...* „Vienac", 1870, br. 25; *La quiete dopo la tempesta* „Glasonoša", 1864, br. 19; J. Severjev (Jernej Križaj), *Ultimo canto di Saffo* „Zora", 1874, br. 19; F. J. Kovačević, *All'Italia* „Slovinac", 1883, br. 3, I. Ostojić, *A Silvia* „Hrvatska vila", 1883–4, br. 11; L. Tomanović, *A Silvia* „Stražilovo", 1888, br. 32; *Canto notturno...* „Stražilovo", 1888, br. 32; *La qui-*

metričnim desetercem, prenoseći verno rimu originala. Isti prevodilac prevodi i hor iz IV čina tragedije *Adelchi*, ali sad za italijanski sedmerac (*settenario*) uzima smenjivanje 8/7/6. Manconijevu odu *Peti maj*, pisanu sedmercem (*settenario*), dva prevodioca u drugoj polovini XIX veka prevode smenjivanjem 9/8/7, a jedan smenjivanjem 8/7. U tom razdoblju vrlo popularne Manconijeve himne, takođe pisane sedmercem (*settenario*), jedan prevodilac prevodi osmercem (5+3), trojica smenjivanjem 8/7, a jedan smenjivanjem 8/7/6.[12] Međutim, prevodilac Buzolić (a samo donekle i Preradović) pokušava da i u odama, i u himnama, i u horu prenese iz tragedije sve karakteristike metra originala, koji se inače u italijanskoj poeziji smatra osobenim. Jer, služeći se mogućnostima i zakonima italijanskog jezika, Manconi pravilno smenjuje proparoksitoni, paroksitoni i oksitoni sedmerac, a Buzolić to prevodi smenjivanjem hiperkatalektičkog, akatalektičkog i katalektičkog stiha (9/8/7).

Sve ovo nam pokazuje da u drugoj polovini XIX veka u prevodima italijanske poezije preovlađuje tendencija nepoštovanja metra originala i da asimetrični deseterac služi kao metrički ekvivalent i za *endecasillabo* (i u prevodu poema, epa i lirskih pesama, i u prevodu soneta, oktava i terce rime) i za *decasillabo* i kao stih u prevodu kancone (smenjivanje *endecasillabo / settenario*). Asimetrični deseterac (ni u jednom prevodu simetrični!) preovlađuje i brojčano. U stavovima samih prevodilaca i u beleškama uredništva časopisa uz prevode iz italijanske poezije naglašena je težnja da se prevodima obogati sopstveni jezik i književnost a i da se pokaže kako sopstveni jezik ni u čemu ne zaostaje za jezikom originala. Zastupa se i mi-

---

ete dopo la tempesta „Stražilovo", 1888 br. 32; *Il tramonto della luna* „Stražilovo", 1888, br. 32; A. Tresić-Pavičić, *All'Italia, Canto notturno...* „Prosvjeta", 1893, br. 38–39. A. Tresić-Pavičić prevodi metrom originala.

[12] S. Buzolić, *Duhovi, Božić, Zbor „Carmagnola", Ermengardina smrt* u *Bog, rod i svijet*, Zagreb 1896, 166–168, 218–223; P. Preradović, *Peti svibnja*, „Vienac", 1870, br. 14; istu odu preveli su i L. Svilović, „Dalmazia cattolica", 1874, br. 33 i I. Mažuranić *Pjesme*, Zagreb 1895, osim ona tri prevoda iz prve polovine XIX veka. Pored Buzolića, himne su prevodili Medo Pucić, *Pjesme*, Karlovac 1862, L. Svilović, I. Trnski, „Vienac", 1857, br. 18 i A. B. Jagar, „Vrhbosna", 1894, br. 11.

šljenje da je *endecasillabo*, kao jampski stih, tuđ duhu našeg jezika pa ga, kao italijanski nacionalni stih, valja prevoditi našim nacionalnim stihom, to jest desetercem (4+6) naših narodnih pesama.[13] Mnogi prevodioci iz Dalmacije se pri tome pozivaju i na podudarno mišljenje Tomazea.

Izbor asimetričnog deseterca u našim prevodima italijanske poezije samo je jedan vid opšte tendencije ponarodnjavanja strane književnosti, kao što su, na primer, i semantička rešenja poput *Veselice vile* za *Taliju*, *rajske mirođije* za *ambroziju*, *Franjice Riminjke* za *Francescu da Rimini*.

Poštovanje izvornog metra u srpskim prevodima počinje kasnije nego u hrvatskim. (Međutim, ne treba zaboraviti da je prvi prevod *Božanstvene komedije* u nas bio srpski, 1845, i to nerimovanim jedanaestercem).[14] Dok kod Hrvata s Trnskim (1869), Šenoom (1884), Premudom (1886-1888), Jugovićem (1882-1883) u prevodima Foskola, Tasa, Petrarke i Dantea već imamo prve pokušaje korišćenja jedanaesterca, a u prevodima Ante Tresić-Pavičića (Dante, Petrarka, Taso, Leopardi) jedanae-sterac se već sasvim afirmiše kao metrički ekvivalent italijanskom *endecasillabu*, kod Srba, na granici između dva veka to biva tek s prevodima Dragiše Stanojevića (kojima se, doduše, u poslednje vreme poriče svaka umetnička vrednost).[15]

---

[13] Tako P. Preradović piše uz prevod iz *Božanstvene komedije*: „Gledao sam u ovom prijevodu, da shvatim misli pjesnikove i da ih zaodjenem našom riječi, čuvao sam se ropske doslovnosti, da mi prijevod ne bude tuđin u svojoj kući. Stoga sam i zamijenio talijanski našem jeziku neprikladni jedanaesterac s našim desetercem, a okanio sam se i sroka... da mi ne smeta vjernijemu izrazu. Dakako, da na taj način prijevod po vanjskom svom liku ne odgovara talijanskom izvorniku: ali tim više mu možda doliči iznutra, a to je, mislim, prva i glavna stvar pri svakom prijevodu". *Djela*, knj. 11, 1919, 259.

[14] Godine 1845. Konstantin Nikolajević prevodi deo iz epizode o Frančeski i Paolu u beogradskom časopisu „Podunavci". Iste godine, gotovo paralelno, izlazi i prvi hrvatski prevod Dantea, *Smrt kneza Ugolina*, u zadarskom časopisu „Zora dalmatinska", ali u osmercima.

[15] Mi ovaj prevod nismo razmatrali, jer, iako se zna da je pisan između 1896. i 1902, objavljen je tek 1926. godine. Iz istih razloga nismo razmatrali ni prvi celokupni prevod *Božanstvene komedije* u nas (Frane Tice Učelinija, štampan 1910, a započet još 1880. godine).

Dvanaesterac (6+6) služi za prevođenje Petrarkinih soneta (L. Tomanović 1881. i 1883), a u dva slučaja i kao prevodni stih epa *Bijesni Orlando* i *Oslobođeni Jerusalim*, ali samo 11 oktava trećeg pevanja. Dvanaesterac je, i po broju prevedenih stihova i po broju prevodilaca, zastupljeniji u srpskoj prevodnoj poeziji XIX veka nego u hrvatskoj (Delorko se, međutim, u XX veku pri prevođenju Petrarkinih pesama koristi dvanaestercem). Kao ekvivalent italijanskom *endecasillabo,* dvanaesterac se u hrvatskoj prevodnoj književnosti javlja šezdesetih godina prošlog veka, a u srpskoj osamdesetih i kasnije, kad u Hrvata u prevodima Petrarkinih soneta i kao prevodni stih italijanskog epa već uveliko postoji jedanaesterac.U odnosu na prevode iz drugih književnosti (ruske, nemačke, grčke), i hrvatski i srpski prevodi italijanske poezije kasne u poštovanju metra originala. Dugogodišnje opredeljivanje prevodilaca italijanske poezije za asimetrični deseterac rezultat je, međutim, i neknjiževnih činilaca, osobito kad se radi o srpskim prevodima. Iako ovde govorimo o dosta velikom broju prevoda italijanske poezije, činjenica je da je broj prevodilaca relativno malen. Većina njih gradila je svoj književni ukus pod snažnim uticajem italijanskog Risorđimenta – ili preko pokreta hrvatskog preporoda ili preko Ujedinjene omladine srpske. Većina je, isto tako, i u poznijim godinama ostala verna književnim idealima svoje mladosti, o čemu svedoče i njihovi eksplicite izrečeni estetički stavovi. A korišćenje deseterca (4+6) i krajem veka, kad to već zvuči kao anahronizam, još jedna je potvrda takve njihove orijentacije.

NA MARGINAMA ZOGOVIĆEVOG *DANTEA*

Neka vrsta uvodne, možda i ne potrebne napomene: ma koliko se trudila da objektivno protumačim Zogovićeve pesme s Danteovim i danteovskim motivima, ne mogu da smetnem s uma izvesnu osobenost date situacije, pa da i simpozijum o Radovanu Zogoviću[1] i svoje učešće u njemu ne primim i „lično, sasvim lično". Isto tako (iako nisam zdušni pristalica ovakvog metoda), ne mogu a da se kao „dokaznim materijalom" ne poslužim i ličnim sećanjima.

Ovde će prevashodno biti reči o petnaest pesama Zogovićevog ciklusa *Na marginama Danteove „Komedije"* iz zbirke *Supret za sjutra*, 1985, a samo uzgredno o pesmama *Ropson Kačagvidi. Marginalija* iz *Artikulisane riječi*, 1965 (indikativno je da pesnik dvadeset godina kasnije varijacijom oznake iz naslova ove pesme naziva taj ciklus) i „*Ma se presso al mattin del ver si sogna*"[2], koja nije ušla u ciklus verovatno zbog isključivo subjektivnog, ljubavnog sadržaja. (Uzgred da kažemo: sve ove pesme prethodno su štampane u periodici[3] i u konačnoj verziji doživele su znatne izmene[4].)

---

[1] Međunarodni naučni simpozijum *Radovan Zogović – život i stvaralaštvo*, u organizaciji Crnogorske akademije nauka i umjetnosti, održan je u Podgorici 28. i 29. maja 1997.

[2] „Književne novine", 1978, br. 564–565, 4.

[3] „Savremenik", 1977, knj. XLV, sv. 3, 223–226; „Književne novine", 1978, br. 564–565, 4, „Savremenik", 1978, knj. XLVII, sv. 3, 249–255; „Forum". 1984, knj. XLII, sv. 3, 516–518; „Savremenik", 1984, knj. LIX, sv. 1–2, 82–87.

[4] Sačuvane su kopije gotovo svih ovih pesama s ispravkama-izmenama unesenim grafitnom olovkom i raznobojnim mastilom, najverovatnije iz raznih vremenskih perioda. Na primer, izmene *naslova: Dante oslonjen na izbočinu stijene u čistilištu* u *Ne, ja plačem; Grešnici nad grešnicima* u *Grijeh ćutanja; Razgovor neugodni* u *U predčistilištu, u povorci*

Znamo da u celokupnom poetskom opusu Radovana Zogovića pesme, ciklusi, pa čak i čitava zbirka pesama na osnovu nekog drugog teksta ne samo što nisu retki, već su i dominantna crta njegove poezije. Znamo takođe da Zogović svoje stihove posvećuje drugim pesnicima, da druge pesnike pominje, citira i njihove stihove parafrazira. Ako ostavimo po strani one s kojima je posredno ili neposredno polemisao, to su uvek pesnici koji su njemu, iz ovih ili onih razloga, mnogo značili: Majakovski, Cesarec, Hikmet. Međutim, ovaj ciklus, posvećen i pisan na osnovu jednog dela jednog pesnika, kod Zogovića je jedinstven.

---

umrlih nasilnom smrću; izmene pojedinih *reči: izmet* u *nečist, zahodske jame* u *kloake, ordene* u *titule*, pa (konačna verzija) *lente, zlatouste* u *hvalouste* (Anti Alesio), *oči* u *zjenice, bolom* rana u *grčom* rana (*U predčistilištu ...*), mlaz suza *kao* soljiv u mlaz suza *gorko* soljiv. Često se, naizgled sitne, izmene pokažu kao značajne: „... svi te, i *ne što* hoće – što drugi *na to* mignu" u „... svi te – *što tako* hoće, što drugi *tako* mignu" (*U predčistilištu ...*, 3); najefektnija je izmena lične zamenice trećeg lica jednine u zamenicu prvog lica množine: „Ondašnja tebe, drugoga druga... O gdje su njezine oči gnjevne/ kad *njega* brani? Gdje priče o *njemu*? Osmijeh *njim* opčinjen?/ Đovana *njega*, ni omaškom nikad već ne pomene, / u molitvama *ga*, tajnim, ne spominje." – „Svakoga svoja. Gdje su, šta su, sad zjenice njene gnjevne / kad *nas* brani? Gdje priča o *nama*? Osmijeh tim opčinjen? / Đovana *nas*, ni omaškom, nikad već ne pomene, / u molitvama *nas*, ni tajnim, ne spominje." (*U predčistilištu ...*, 5–8). Ponekad se izmena sastoji samo u dodatnom *prefiksu*: ne dvojbi u ne *uz*dvojbi, ne ropći u ne *uz*ropći (*Grijeh ćutanja*). Nikad zadovoljan postignutim, pesnik menja i ceo *stih* (opet u *U predčistilištu ...*, 15): „Bol ga iz svakog sna trgne. Bol je vrh grudi raznijela!" u „Bol me iz sna budi. Bol vrhom prsiju. Dvosjek. Strelast". U *Grijehu ćutanja* menja (možda nažalost) prva dva stiha: „Ni mišlju ne uzropći! Nijednom vrežicom njene vreže!/ Ne zatvori se u sebe. Ne bivaj grk i smrknut" u „Ne uzjazbi se, ne uzdvojbi, iza uha se čak ne češni, / ne uzropći ni koliko polupresahli ropće sopot!" (1–2). Kako bi ličnu poruku učinio uopštenom, manje konkretnom, Zogović *podmitljivce, plave koverte, prodavce radnih mesta* svodi samo na *podmitljivce*, prebacujući težište na pesnički subjekt: „Na sve pristajem, samo da noću, po svemu gradu pecam (prethodno: biram) / podmitljivce, plave koverte, prodavce radnih mesta" u „Na sve pristajem — samo da noću po svemu gradu / tražim, probirujem, spopadam podmitljivce"; „*U Beogradu* je izbor bogat" „U Beogradu je izbor golem" i, u konačnoj verziji, „*Izbor je ovdje* – golem" (*Pogodba*, 3–4; 12). (Verovatno bi bilo zanimljivo proučiti intervencije koje je uopšte Zogović činio u svojoj poeziji.)

Pri takvom, da se poslužimo formulacijom jednog starog italijanskog pesnika, „susretu" dvaju pisaca[5], pri tome vremenom, prostorom i jezikom veoma udaljenih, čitaocu se sama po sebi nameću dva pitanja: *zašto* i *kako*, odnosno zašto je došlo do tog susreta i kako se on poetski ostvario.

Na pitanje *zašto* najbolji odgovor daje nam prva, uvodna pesma ciklusa. Dante je Zogoviću pojam, sinonim, simbol *pesnika*. I ne samo pesnika. Pomalo kao Vergilije Danteu, shodno srednjovekovnom poimanju pesnika i kao mudraca, Dante je Zogoviću model hrabrosti, ljudskosti, doslednosti, nesalomljivosti. Izborom, pre svega vlastitom interpretacijom Dantea, Zogović potvrđuje svoj *credo*, svoje shvatanje pesništva i uloge njegove. Pesnik je taj koji ima *smelosti*. Na retoričko pitanje šta znači pesnik, Zogović ne odgovara nekom karakte-ristikom imaginarnog modela, već neposredno, bez okolišanja, jednostavno, zvučno izgovara: *znači – Dante*.[6] U XI pesmi razrađuje i dopunjuje svoju misao: „Izgnanik, Pjesnik, Dante!".

I upravo sudbina doživotnog izgnanika iz sopstvenog grada, u stvari iz domovine, morala je biti bliska ovdašnjem izopćeniku u sopstvenom gradu i sopstvenoj domovini. Poslednje dve pesme (koje se inače izdvajaju iz čvrste tematske celovitosti ciklusa), posebno ona o uslovima povratka Dantea u Firencu (*Dante Firenci o sv. Jovanu ljetnjem a.d. 1313*) otkriva istovetnost zlih sudbina, poistovećivanje iskustvom bića koje *zna* šta znači biti odbačen:

---

[5] O „susretu s drugim piscima" (kao neminovnosti u doba kad je „najveći deo lepote već osvojen") govori italijanski barokni pesnik B. Marino u *Epistolario*, I, Bari 1911, 255.

[6] Pesma, antitetičke strukture, polemički je intonirana: od samog početka (polemičko je i samo obraćanje, „mrmljivcima" da odgovore na pitanje „šta je... pjesnik?"). Posle prva dva uvodna, u šest narednih stihova pesnik „prizvan i pozvan" „u pakao šalje" „sabor kraljeva, kardinala, barona, nadbarona", „ko god se uz ljestve leševa k moći penje", paklom nagrađuje ulizice („do guše same .. u govna"). U drugih šest stihova pesnik je, međutim, onaj koji od pakla spašava „smjele, dalekovide jeretike". Zogović je uočio neobičnost prisustva u raju, u nebeskom vencu učenih, Sigera od Brabanta i Joakima Florskog, što ne mali problem stvara i dantolozima. Zapazio je i neobičnost pesničke situacije kad Toma Akvinski, Zogović ga metaforički zove „mogući vjerski jezik", svome protivniku, Sigeru od Brabanta, drži pohvalni govor.

A što ću ti takav, Firenco, što ću takav
tebi i sebi? Čovjek u kome ponos slome,
čovjek bez sebe, sam sebi gadniji nego dlaka
u jelu – kome je taj dobit? Reci: kome?
....

Čovjek unižen, čovjek koji se sebe gadi
jer poreče sebe, jer se učini prodanom ovnovinom,
takav domovine u sebi nema. A ti – šta ti
u takvom imaš? Strašne li berbe, domovino!

Uzgred, ne mogu a da ne pomenem svoju ondašnju, a i trajnu muku što, kao mladi italijanista, nisam umela da Radovanu dam tačan opis svih poniženja koje je Dante morao da podnese. Doduše, precizni podaci i ne postoje, ali se preko proglasa Fjorentinske komune o pomilovanju zatvorenika i prognanika ponešto da naslutiti.[7]

Da bismo pokušali odgovoriti na pitanje *kako,* važno je pomenuti da Zogović nije čitao Dantea u originalu (nažalost, nije iskoristio ponudu Isidore Sekulić da ga u tu svrhu, u vreme njegove „nezaposlenosti", uči italijanskom jeziku). Služio se ruskim prevodom Lozinskog (sačuvana su u njegovoj biblioteci izdanja *Pakla* iz 1940. i *Čistilišta* iz 1944).[8] U kući postoji i Buzolićev prevod, ali ga je, doista s pravom, on smatrao neupotrebljivim. Sećam se da sam mu nabavljala i Kombolov, odnosno Kombola-Delorka prevod, ali samo kao priručni materijal (posebno zbog problema oko imena đavola, a i tumačenja nekih nejasnih mesta). Međutim, imajući iz gimnazije odličnu osnovu latinskog i francuskog jezika, mogao je da, u zajedničkom čitanju, prati originalan tekst. (To je, uostalom bio

---

[7] Nepolitički prestupnici su, pored novčane kazne, morali da, odeveni u sargiju, s nekom vrstom mitre na glavi i svećom u ruci, u povorci idu iz zatvora do crkve sv. Jovana. Pretpostavlja se da su politički krivci bili jedino oslobođeni ponižavajuće odeće (up. Komentare A. Frugonija u: D. Alighieri, *Epistole*, Milano – Napulj 1979). O Danteovom nepristajanju na sramne uslove pomilovanja saznajemo neposredno iz njegove XII poslanice.

[8] Божественая комедия, *Ad*, Moskva 1940, s ilustracijama G. Dorea, prevod M. Lozinski (predgovor A. K. Dživeljegov, komentari A. I. Belecki); *Чистилище*, Moskva 1944, prevod i komentari M. Lozinski.

period, kao što su bivali periodi, na primer, Dostojevskog, Njegoša, Puškina, kad se u našoj kući živelo Danteom – na jednoj stranici *Čistilišta* ostao je trag Radovanove polemike sa mnom o pripadnosti Dantea srednjem veku ili renesansi).[9]

Na osnovu samog teksta pesama, poređenja s Danteovim stihovima na koje se određene pesme odnose i Zogovićevih beležaka i podvlačenja u prevodu Lozinskog,[10] pokušaću da, koliko bude moguće, odgovorim na ono *kako*.

Za Zogovića, njegovu poetiku, a naročito za njegov sistem moralnih vrednosti, indikativan je odabir (kako onoga što je izabrao, tako i onog što je prenebregao) epizoda i ličnosti iz *Božanstvene komedije*. *Raj* ga interesuje samo u segmentu Danteovog otklona od važećih srednjovekovnih pravila, odnosno spasavanja „dalekovidih jeretika". Ličnosti, poimenice, svojom sudbinom i iznad svega držanjem u *Paklu*: Farinata delji Uberti, Kapanej, Uliks, svi koji ostaju *svoji*, svi koji „u tom staništu mrtvih – mrtvi / preziru, prkose". Zogovićevu imaginaciju privukla je Danteova pesnička slika papa pobodenih u plamteće jame nogama uvis, ali možda više od slike sama činjenica da se tako kažnjavaju pape.

---

[9] Na str. 159 ruskog prevoda *Čistilišta*, uz stihove 54–66 XXVIII pevanja o sjaju Matildina pogleda, koji se poredi s Venerinim (Matilda – simbol zemaljskog blaženstva), Zogović na margini, mastilom, svojim veoma sitnim rukopisom, beleži: „A. M. kaže da Dante nije prvi pjesnik renesanse! Hrišćansku božanstvenost sravnjuje s rimskim i grčkim bogovima!". Očigledno pod uticajem ruske književne istoriografije, smatrao je Dantea vesnikom novog doba, pripadnikom humanizma.

[10] Za razliku od *Pakla*, gde ima malo Zogovićevih beleženja, možda i zbog samog luksuznog izdanja (u kožnom povezu i na specijalnoj hartiji), nema podvlačenja i napomena na marginama (što je inače Zogovićev način čitanja), u *Čistilištu* postoje i posebno, na stranicama potkorice na kraju knjige. Pored pojedinih stihova ili i čitavih tercina, kojima će se poslužiti kao predloškom za svoje pesme, neka mesta privukla su Zogovića očigledno sama po sebi. Napr. u VI pevanju, uz podvučene stihove 127–129 („Fiorenza mia, ben puoi esser contenta / di questa digression che non ti tocca, / mercé del popol tuo che si argomenta") stoji njegova opaska: „savremeno"; u XII pevanju podvlači Danteova anaforička ponavljanja i obeležava njihov broj, a pored podvučene tercine 67–69 („Morti li morti e i vivi parean vivi: / non vide mei di me chi vide il vero, / quant' io calcai, fin che chinato givi."), verovatno pod utiskom Danteovog retoričkog umeća, zapisuje: „umjetnost".

Najčešće se pominju, i kao da povezuju pesme ovog ciklusa, tri vrste grešnika: laskavci, sejači nesloga i šizme (naš pesnik ih naziva „huškačima") i smeli. Oseća se kako Zogović naprosto uživa u kazni koju je Dante namenio laskavcima, kako tu kaznu nadgrađuje (jedan od detalja nadgradnje: grešnici nisu samo u svom izmetu nego i u izmetu onih kojima kade), jezički se, rekli bismo danteovsko-zogovićevski, poigrava u iznalaženju i kovanju sinonima (laskavci, ulizice, slovobludnici, slatkoreci, slatkopismeni, ulaguše).[11]

Kako u domišljatosti Zogović prevazilazi fjorentinskog pesnika, a da pri tom ne izneverava njegovu osnovnu zamisao, pokazuje nam primer „huškača". Među na razne načine osakaćenima (probušena grla, odsečena nosa, uveta, presečena jezika, otvorene utrobe, odsečenih ruku, s patrljcima uvis) naš pesnik bira najstrašniju i najupečatljiviju kaznu: „Da huškač bez glave hoda. Da glavu kao fenjer // Ugašen nosi. Da je, da bolje čuje, podiže za *bič* vlasi". Ovde ovo dodato *bič* vlasima čini Danteovu zamisao upečatljivijom, a u drugoj pesmi od ove začudne, strašne, slike gradi svoju, još začudniju i strašniju: „Da čovjek, kad god moru pristupi, na mulju, na dnu – vidi / odrubljenu, ljuljanu svoju glavu!".[12]

Dok uživa što su laskavci u govnima, a očito smatra da huškači zaslužuju tako strašnu kaznu, nad smelima u *Čistilištu* Zogović plače. Ali plače nad svojim, ne nad Danteovim grešnicima. Naime, oslanjajući se na ruski prevod (a Lozinski, verovatno na neki od italijanskih komentara), Zogović *ohole* pre-

---

[11] A laskanje je *slavoslovlje*, likovi laskavaca – *hvalousti*. U *Anti-Alesio* (na osnovu 100–136 stiha XVIII pevanja *Pakla*) već prvim stihovima poziva: „Svu nečist laskavaca, gdje god se ulažu i uglave, / iz svih kloaka – u Osmi pojas, drugu jamu!/ I lopatama – na laskavce! Izjednačite sve te glave/ s zadnjicom. Oblijte sve lente i sav samur". Ali pošto je to „malo"; „...Sve njih, do posljednjeg, stojećke, u to kalo / do grla, do čela – nek im tjeme dostigne i zagrne. / Hoće da mažu? Neka, skačući, glavom probiju gornji talog, / nek se, da usta oslobode, udaraju u labrnje!".
[12] Huškačima se Zogović bavi u prvoj (*Pjesnik*) i četvrtoj (*Ne, ja plačem*) pesmi ciklusa na osnovu XXVIII pevanja *Pakla* (121–122 i 128–129): iako privučen najupečatljivijom slikom kažnjavanja, ne pominje grešnika, čuvenog provansalskog pesnika i značajne istorijske ličnosti svoga doba Bertrana de Borna.

tvara u *smele*[13] i usredsređuje se na oštru, jaku suprotnost između uspravne smelosti za života i hoda, savijenog, pod teretom, u smrti. Prenebregavajući sve interpretativne mogućnosti ove dramatične epizode pune patosa (oholi voljno trpe muke da bi dosegli raj), on ne čuje ni veliku Danteovu lekciju o prolaznosti i efemernosti slave već, isključivo u vlastitom ključu, plače nad ljudima koji „za smjelost misli, za najdivniju smjelost svoju" „natovareni stijenom, po krugu kruže, sve se jače / grbeći, koljenima u same grudi bijući" i pri tome, što je za Zogovića najstrašnije i iznad svega ponižavajuće – „Višnjem poju".[14]

Dante je, kao što je poznato, dao svoju, vrlo osobenu, hije-rarhiju i podelu greha. U gornjem *Paklu* nalaze se oni koji su grešili, kako bismo danas rekli, iz slabosti, pomanjkanja volje da se odupru porocima (bludnici, proždrljivci, rasipnici i škrci), a u donjem, dubokom, oni koji su to činili svesno (zelenaši, izdajice, samoubice). Kod Zogovića, međutim, „postoji u grijehu još i nečovjek ili čovjek". Prvi je: lopov, vlastoljubac, obedivač, ulaguša. Drugi je onaj što ispašta zbog sumnje u Boga, u besmrtnost duše; grešnik greha „srditih, prkosnih", greha „iz stava na smrt svojeg" (*Grijeh i kazna*).

Na tematsko-kompozicionom planu, intertekstualnost se zapravo ostvaruje dvojako: ili pesmom na osnovu pesme, odnosno pevanja, zaokružene celine iz pevanja, ili pesmom po svemu *danteovskom*, ali bez neposrednog uporišta u određenom Danteovom tekstu. U prvom slučaju to su, na primer, *Prauredba* – na osnovu XXI-XXII pevanja *Pakla*, *Anti-Alesio* – na osnovu X-XI pevanja *Čistilišta*. Za drugi slučaj primer su *Grijeh ćutanja*, *Grijeh i kazna*, *I mrtvi borbom žive*.

---

[13] *oso* od lat. *ausus* obično se tumači kao *ohol*, isuviše *smeo* u odnosu na Boga (up. između ostalih, objašnjenja u Sapenjovim komentarima i Rečniku *Božanstvene komedije* (D. Alighieri, *Purgatorio*, Firenca 1986, 127; G. Siebzehner-Vivanti, *Dizionario della Divina Commedia*, Milano 1989, 413).

[14] Treća strofa pesme *Ne, ja plačem*; o *smelima* Zogović piše i u pesmi *Putnici u prvom krugu Čistilišta*. Iako se oslanja na X i XI pevanje *Čistilišta*, u svojim napomenama ne navodi da preuzima, adaptirajući je, Danteovu epizodu, kao što ne navodi ni da je stih koji mu služi kao refren parafraza Danteovog „Come Dio vuol che 'l debito si paghi" (X, 109).

Međutim, na idejnom planu, i jedan i drugi tip pesme svode se na isto. Tako u *Prauredbi*, oslanjajući se (od četiri) trima strofama na tekst *Komedije*, pomoću đavola, kojima se Zogović vraća u narednim pesmama (imena im je na kraju ipak sročio prema ruskom prevodu), oslanjajući se na Danteove slike grešnika potopljenih u ključalu smolu i svih tih Smucala, Zubonja, Psećih Šuga koji ih hvataju kad pokušavaju, da se, bar na tren, izvuku, naš pesnik, u izmišljanju naziva đavoljih oruđa (kuke, osti, veslače, zupci), inventivnošću ravnom modelu, u stvari daje svoju misao. Jer prauredba ovde nije zakon odmazde koji vlada zagrobnim svetom, već odnos vlasti (u pesmi: Boga) prema svojim bivšim, bliskim „saradnicima". Bog „supostate svoje" proteruje u večni pakao, ali im daje *mogućnost* da tamo vladaju, muče, rade s grešnicima šta hoće, da se, kako pesnik kaže, „zabavljaju".[15] Ovde je više nego jasna aluzija na Goli otok. Uostalom, jedan od mogućih ključeva čitanja i tumačenja ovog ciklusa, kao i ciklusa o *Mlecima*, upravo je Goli otok. Ako ne drugo, možda kao početni impuls. Zogovića je, i to mnogostruko, mučilo postojanje logora. Neprestana misao, muka, uputila ga je, verovatno, na scenu s đavolima, učinila da se scena posebno zapazi.

Tehnika citata najmarkantniji je postupak kojim se u ovom ciklusu uspostavlja odnos prema predlošku. Zogović se služi doslovnim (doslovnim, svakako uslovno, jer je prevod u pitanju, originalne stihove citira jedino kao moto ili naslov)[16] ili parafrazom citata. Zanimljivo je da, dok su u *Artikulisanoj riječi* uz pesmu *Ropson Kačagvidi* podaci o stihovima na koje se odnosi osnovna aluzija detaljni, objašnjenja uz ovaj ciklus, kad ih uopšte i ima, vrlo su uopštena i nepotpuna.[17] Da li je pe-

---

[15] „O, prauredbo! Bog supostate svoje, otpadne veličine, / u tartar sunovraća: vječno otpisani vječni krivci!/ Al' vlast im ostavlja da s grešnicima ondje čine / šta hoće, šta znaju, šta smisle, dovitljivci." (*Prauredba*, 9–12).

[16] Tako, u pesmi *Kapanej* moto: „Qual io fui vivo, tal son morto", *Pakao*, XIV, 51 (u *Supretu*... štamparska greška: izostavljeno *fui*); u *Ma se presso al mattin...* (*Pakao*, XXVI, 7) samo naslov: od stiha koji je deo invektive protiv Firence u pevanju o prevarnim savetnicima, Zogović u sasvim drukčijem kontekstu gradi izuzetno lirsku, ljubavnu pesmu.

snik mislio da je ovaj način pomalo enigme, inače tipičan za modernu poeziju,[18] moguć zbog samog konteksta, ili je smatrao da je i to „supret za sjutra", ne bismo mogli odgonetnuti.

Dante završava pevanje o đavolima (XXI) efektnim, duhovitim, ali i iznenađujuće prostačkim stihom („ed elli avea del cul fatto trombetta"). Taj stih preuzima Zogović da bi, isto tako efektno, završio svoju pesmu o đavolima (*Pogodba*): „Samo da mitnike.../ bacam u smolu / što čas nabuhne uvis, čas splašnjava / i glas ispušta *kao kad đavo od čmara pravi trubu*.

Vešto inkorporiran, svima prepoznatljiv Danteov stih „*Pasti... ko mrtvo tijelo što pada*" („e caddi come corpo morto cade", V, 142) postaje sastavni deo Zogovićeve pesme (*Grijeh ćutanja*) i u tom drugom, novom kontekstu dobija i drugo, novo značenje.

U *Kapaneju* citat se ponavlja u vidu refrena: na kraju svake od tri strofe prevod od Danteovog stiha koji u originalu stoji kao moto ovoj pesmi: *Kakav živ bijah, takav sam i u smrti*, u poslednjoj je, s malom, ali značenjski važnom varijacijom: *Kakav živ bijah, takav ostajem i u smrti*. Citat ima funkciju potenciranja čvrste strukture ciklusa.

Upečatljiv je primer menjanja značenja, stilskog efekta *transkodifikacije* (Lotmanov termin) preuzetog citata u pesmi *U predčistilištu, u povorci umrlih nasilnom smrću*. Danteov stih glasi: „Giovanna o altri non ha di me cura" (Đovana i ostali ne brinu o meni). A kod Zogovića: „Zaboravila nas je čak Đovana" (obratimo pažnju na iznevereno očekivanje: ne „čak *i* Đovana", već samo: „čak Đovana"). Iskoristivši kao polazište ovaj lapidarni Danteov stih koji, svojom jednostavnošću i u isto vreme mnogoznačnošću, budi mnoštvo asocijacija, naš pesnik gradi potresnu ljubavnu pesmu. U postepenoj gradaciji zaboravljanja, od nesećanja (nema ni osmeha, ni pominjanja,

---
[17] „Pjesma se aluzijom oslanja na 58–60. stih XVII pjevanja *Raja*, gdje Danteov predak Kačagvida, 'na nebu Marsa', proriče pjesniku da će poznati kako je slan tuđi hljeb i kako se teško peti i spuštati niz tuđe stepenice". U zagradi donosi stihove u originalu (*Artikulisana riječ*, Beograd 1965, 184).

[18] Up. analizu takvog prosedea u poeziji Ivana V. Lalića, koju je dao N. Stipčević u *Ivan V. Lalić*, Godišnjak SANU, 1996, knj. CIII, 561-569.

ni spomena u molitvama) do potpunog zaborava („igra šaha", „već se izvozi") i bavljenja drugim (kravi se, „šahira s onim ... što nama uzradi o imenu i o glavi"). Kulminaciju i pesma i bol dostižu u *conclusiu,* u završna dva stiha, gde se više na zna da li pesnik govori u ime Montefeltrija, ili u svoje vlastito ime. Ponavljanjem reči *bol*, kratkim rečenicama i od ciglo jedne reči, raste stih, raste i bol, da bi se na kraju imenovao:

> Bol me iz sna budi. Bol vrhom prstiju. Dvosjek. Strelast.
> I istog časa bol ima ime: da, Đovana!

Dante je, sasvim u skladu sa srednjovekovnim kodifikovanim normama pojedinih žanrova, smatrao da zvučna strana reči treba da odgovara semantičkoj, da zvuk i smisao treba da se podudaraju. Ako je nešto pakleno, ako je strašnog značenja, valja da bude takvo i zvukom, pa je Dante razlikovao grube, „čupave", „neočešljane", reči koje su odgovarale grubim, „čupavim" sadržajima *Pakla,* i „očešljane", milozvučne, koje su bile primerene rajskim opisima. Iako, najverovatnije, Zogović nije znao za Danteova teorijska razmišljanja o jeziku, za Danteovu teoriju reči, svi oni arhaizmi, neologizmi, posebno kovanice koje nas i sadržajem i zvukom, pa čak i vizuelno, pogađaju, upravo udaraju, u celokupnoj njegovoj poeziji, a u ovom ciklusu posebno, navode nas na misao o Danteu. Tu ulazimo u domen tipoloških srodnosti koje mogu postojati i među piscima dalekim i vremenom, i prostorom i jezikom. Tako se vraćamo na sam početak našeg izlaganja u pokušaju da i ovom srodnošću odgovorimo na ono *zašto* i *kako*.

III

ČITANJA NJEGOŠA U ITALIJI

Iako bi bilo ne samo zanimljivo nego, verovatno, i značajno ispitati sve vidove složenog odnosa Njegoš – italijanska kultura, ovom prilikom pozabavićemo se samo jednom stranom tog odnosa: recepcijom Njegoševa dela i lika na italijanskom jeziku.[1]

Dobro je znano da je jedan od prvih stranih putnika koji je pohodio Crnu Goru i njenog vladara, pa o svom pohodu napisao i objavio izveštaj, bio italijanski botaničar Bartolomeo Biazoleto. A nije to prvi put da upravo Italijan otkriva Evropi naša kulturna blaga. Dovoljno je da se podsetimo šta je za našu narodnu poeziju značio Fortis, i ne samo on. Biazoleto je bio prvi stranac koji će uticati da se u zapadnom svetu počne me-njati uvreženo negativno mišljenje o Crnoj Gori: čitalačka publika italijanskog, a potom i nemačkog govornog područja mogla je (putovanje se zbilo 1838, delo objavljeno 1841, a prevedeno 1842) videti da Crnogorci nisu opasni divljaci, a da je njihov vladar „... visok, stasit čovek veličanstvenog izgleda, prijatan i otmen, učen, upućen i u poeziju... malo govorljiv, zamišljen, sav u brizi za svoju državu i svoj narod" i da „naročito u važnim poslovima svoju snagu i mudrost sjedinjuje sa snagom i mudrošću svoga senata...".[2]

---

[1] Jedini, iako nepotpun, pregled odjeka Njegoševog lika i dela u Italiji u: A. Cronia, *La conoscenza del mondo slavo in Italia*, Padova 1958, 374, 417, 457, 460, 462, 466, 548, 549, 550, 566, 567, 635, 657, 659, 661. Oslanjajući se potpuno na Kronijine podatke, ali ih često pogrešno tumačeći: Đ. Skoti, *P. P. Njegoš i Italijani*, „Stvaranje" XVIII/ 1963, br. 5, 554–558 (gotovo identičan tekst i: „Riječka revija", XXII/ 1963, br. 5, 360–363).

[2] B. Biasoletto, *Relazione del viaggio fatto nella primavera dell' anno 1838 dalla Maestà del Re Federico Augusto di Sassonia nell' Istria, Dalmazia e Montenegro*, Trst 1841, 97–98 (str. 68–177 odnose se na Crnu Go-

Tri godine nakon Biazoletovog izveštaja Italijani su već mogli da se upoznaju i s jednom Njegoševom pesmom: u tršćanskoj „Favilli" štampan je, s uvodnom napomenom, pretpostavlja se Dal Ongarov, prevod ode *Tri dana u Trijestu*, po nekim mišljenjima čak i pre originala.[3] Prevod će preneti mi-

ru, a 215–222 na biljke u Crnoj Gori). Bartolomeo Biazoleto, rodom iz Dinjana, član mnogih naučnih društava, pošao je na ovaj put sa saksonskim kraljem koji je i sam bio pasionirani botaničar. Kralj je prvi strani vladar koji je posetio Crnu Goru, a njegov dnevnik s tog putovanja biće objavljen 1916 (zajedno s nemačkim prevodom Njegoševe pesme njemu posvećene): V. Latković, *Jedna nepoznata Njegoševa pjesma*, „Književne novine", 31. VII 1951, 3). Prvi put u celini objavljen prevod odlomka o Njegošu i Crnoj Gori: Lj. Durković-Jakšić, *Biasoletov opis posete saksonskog kralja Crnoj Gori 1838 godine*, „Stvaranje", XVIII/1961, br. 1, 47–73. Up. i: D. Lekić, *Stranci o Njegošu*, „Stvaranje", VI/1951, br. 7–8, 477–488; J. Milović, *Kralj saksonski Fridrih August II na Cetinju, 31. maja i 1. juna 1838. godine*, „Istoriski zapisi", III/1949, sv. 1–2, 50–61 (preštampano u: *Petar II Petrović Njegoš u svom vremenu*, Titograd 1984, 281–292); R. Pešić, *Još jedan opis dočeka saksonskog kralja u Crnoj Gori*, „ Stvaranje", XX/1963, br. 5, 551–553. Prevod (Gutschmied) na nemački: Drezden 1942.
[3] *Tre giorni a Trieste*, „Favilla", IX, / 1844, n. 5, 75–77: „Nudimo našim čitaocima s ilirskog prevedenu elegantnu pesmu koju je vladika Crne Gore nedavno napisao sećajući se dragih uspomena sa svog kratkotrajnog boravka u Trstu. Nadamo se da će se svideti i zbog samog predmeta i zbog toga što je to delo veoma istaknutog pisca među onima koji danas gaje ovaj moćni i poetski jezik". U vezi s ovim prevodom ostao je niz nedoumica. Prvo, broj 5 za 1844. na naslovnoj strani nije datiran. Vukadinović računa da je „Favilla" izašla 15, a Kronijin tekst 26. marta. Međutim, na kraju lista stoji zapisan datum: 29. mart. Vukadinović iznosi tezu da je prvo izašao italijanski prevod (s prepisa koji je Njegoš ostavio svojim prijateljima u Trstu, a čiju je kopiju objavio Stojković u novosadskoj „Danici" 1863), a potom original koji nema oznaku godine, a štampan je u vreme Njegoševog boravka u Beču od kraja januara do sredine marta. Kronija opovrgava ovu tezu u članku u „Stvaranju" (problem je što on „u mjesecu januariju" ne uzima kao sastavni deo naslova, već kao vreme štampanja), dok u *La conoscenza*... drži da je ona moguća. Treći problem: autorstvo. Prevod nepotpisan. U našoj literaturi o Njegošu (i u *Pjesmama* iz celokupnih dela, priredio R. Lalić) smatra se da je sigurno Dal Ongaro prevodilac, očito na osnovu Vukadinovića, koji ipak misli da je italijanskom pesniku „za leđima bio kakav Srbin". Na temelju metričkih karakteristika Dal Ongarove originalne i prevodne poezije i činjenice da pesnik ovaj rad nije uvrstio u zbirku svojih prevoda, Kronija osporava Dal Ongarovo autorstvo, iako posle i sam pretpostavlja da je pesnik „stihovao"

lanska „Fama" i „Gazetta di Zara". Ovaj tršćanski list koji je, u okviru misije zbližavanja dvaju naroda, svoje sunarodnike među prvima upoznao s našom narodnom i umetničkom književnošću, ne prestaje da se interesuje i za Crnu Goru, a njegov glavni urednik objavljuje kasnije pripovetku *La fidanzata del Montenegro*, napisanu verovatno po Njegoševu pričanju.[4] Ta-

---

prozni prevod. Dal Ongaro, sećajući se prvog susreta s vladikom, kaže da je preveo „divan ditiramb", koji je Njegoš posvetio balerini. Ovo otvara novi, do danas nerazjašnjen, problem: da li je Njegoš napisao još jednu, dosad nepronađenu pesmu, ili se to odnosi na stihove 68–74 naše pesme. Različita su mišljenja i oko predstave koju je Njegoš gledao, a i oko imena balerine, odnosno glumice kojoj je kao Flori posvetio pomenute stihove, što je u italijanskoj i nemačkoj štampi izazvalo podosta čuđenja, a kod moralizatorskog Tomazea gnev (*D'un Vecchio calogero...*, prosa V). Up: J. Živanović, *Jedan Njegošev put*, Godišnjica N. Čupića, 1913, knj. 32, 176–194; M. Vukadinović, *Frančesko Dal'Ongaro – jedan zaboravljeni prijatelj srpskog naroda (o pedesetogodišnjici njegove smrti)*, „Prilozi za književnost, jezik i folklor", V/1925, sv. 1–2, 1–14; isti, *Tri dana u Trijestu*, „Prilozi...", VI/1926, sv. 1–2, 99–101; S. Šumarević, *Žizela i pesnik „Gorskog vijenca"*, „Vreme", 20. X 1931; S. Kastrapeli, *Njegoš na predstavi opere Robert le Diable u Trstu u subotu 20. januara 1844. godine*, „Stvaranje", VII/1952, br.11, 692–700; A. Kronia, *Italijanski prevod Njegoševe pjesme „Tri dana u Triestu"*, „Stvaranje", VI, 1951, br. 7–8, 391–397; Lj. Durković-Jakšić, *Njegoš u govoru*, prolog F. Dal Ongaro, *Njegoševa priča o vjernoj Crnogorki*, Cetinje 1952, 7–8; M. Zorić, *Le prose „D'un vecchio calogero" u Italia e Slavia*, Padova 1989, 327–330. Kronija se ne slaže ni s tezom da jedna Ongarova pesma posvećena Trstu podseća na Njegoševu (C. Curto, *L'Italia e il Montenegro nel ricordo di due poeti*, „La vita internazionale", XXIII/1920, n. 16).

Na nemački je, i to s italijanskog, Njegoševa pesma prevedena već 20. aprila („Der Pilger"): A. Barac, *„Tri dana u Triestu" na njemačkom jeziku*, „Stvaranje", VI/1951, br. 12, 713–720.

4 Npr. up.: brojeve „Faville" I/1837, br. 32; II/1838, br. 31; VII/1842, br. 8; VII/1842, br. 10.

I oko ove priče nedoumice. Prvo, još nije utvrđeno da li je i u kom časopisu priča objavljena pre no u *Racconti* (Firenca 1869, 300–339). Skoti, pogrešno čitajući Kroniju, navodi „Favillu", što nije tačno. Drugo, i mnogo važnije: da li je odista Njegoš ispričao tu priču Dal Ongaru? I u italijanskoj slavistici, a i u našoj nauci to se uzima kao sigurno (čak ima mišljenja je se priča „skoro u potpunosti Njegoševa": M. R. Barjaktarević, *Frančesko Dal Ongaro: Njegoševa priča o vjernoj Crnogorki*, „Stvaranje", VII/1952, br. 5, 319–320), što jedino, vrlo stručno, opovrgava N. Banašević: *Njegoševa ili Dal Ongarova priča*, „Prilozi...", XXV/1959, sv. 1–2, 93–96. Navodeći pojedinosti koje su u suprotnosti sa crnogorskim ko naš pesnik, imitacijama i prevodima ove priče na druge jezike, i posredno deluje u stranim književnostima.[5]

Pojava *Gorskog vijenca* zabeležena je u italijanskoj periodici već nakon četiri meseca: zadarska „Dalmazia", tršćanski „Osservatore triestino" (dvaput) donose veoma pozitivne ocene Frančeskija (uz prvi, doduše prozni, prevod jednog odlomka),[6] potom Valusija[7] i Tomazea.[8] Od oktobra iste godine počinju da izlaze i prvi prevodi u stihu delova *Gorskog vijenca*.[9]

običajima, Banašević smatra „običnom mistifikacijom" Dal Ongarovu tvrdnju, a izvor priči nalazi u Fortisu i Kažotiću. Možda je značajnije što je naš pesnik i na ovaj način prisutan u italijanskoj književnosti: u tipično romantičarskom prosedeu, data mu je uloga lika-naratora.

[5] Kronija navodi Pratija, Gazoletija i Kareru koji su imitovali Dal Ongarovu priču, ali i „čitav kompleks oko osvete" („Tema se dopadala!"); *nav. delo*, 458. Ova pripovetka je prevedena u Slovačkoj (*Miaducha Černohorska, Povest, Povodne sp. Dall'Ongaro*, „Sokol" II/1861) i u Nemačkoj, gde je uvrštena među „najbolje i najinteresantnije novele u svetskoj književnosti" (*Novellenschatz des Auslandes herausgegeben...*, vol. 7). S nemačkog na naš jezik prevedena tri puta. Up. Lj. Durković-Jakšić, *Njegoš u govoru*, 12–14.

[6] G. Franceschi, *(Critica), Gorski vienac. Istoričesko sobitie pri svršetku XVII vieka. Sočinenije P. P. N. Vladike Černogorskoga*, „Dalmazia", n. 23,19. VI, 182–183; n. 24, 17. VII 1847, 187–190 (nastavak recenzije uz prvi, prozni, prevod 1–88 stiha: *Il Vladica Danilo*). S obzirom da je to prvi prikaz na italijanskom, a i veoma kratak, deluje začuđujuće iscrpno i ozbiljno. Dotiče se svih osnovnih elemenata dela. Preveden u nas: „Podunavka", V/1847, br. 26, 103–104; br. 27, 108; br. 28, 111–112.

[7] P. Vallussi, uvodna kratka beleška prvom Čudininom prevodu, petog kola (prevodilac uzima kao četvrto) u „Osservatore Triestino":, n. 125, 17. X 1847, 497. Hvali Njegoša kao političara, a o pesniku po čuvenju (očito po Frančeskiju): „Kažu da je ova njegova istorijska drama prelepa, napisana po uzoru na Grke u čijim je tragedijama dramsko uvek spojeno s epskim...". Cit. prema uvodnoj belešci u: G. Chiudina *Canti del popolo slavo tradotti in versi italiani con illustrazioni sulla letteratura e sui costumi slavi*, Firenca 1878, vol. 1, 8–9.

[8] N. Tommaseo, *Gorski Vijenac... Poema in dialogo, del vladica di Montenegro*, „Osservatore Triestino", LXIV, n. 129, 27. X 1847, 513–514 („Tamo gde opisuje ono što bolje poznaje, tamo gde se uzdržava od knjiške retorike i približava jeziku svojih brđana, autor je pesnik, a njegovi stihovi postaće tekstovi na kojima će se jezik učiti".) Tomazeo je belešku, neizmenjenu, preneo: *Petrović, Vladica di Montenegro, Poema in dialogo* u *Dizionario estetico*, vol. II, Milano 1853, 247.

[9] „Italija koja je lepo dočekala Tomazeove i Pelegrinijeve prevode, kao i sve najnovije publikacije o slovensko-ilirskim stvarima biće zahval-

Koliko je nama poznato, jedino je italijanska književnost tako brzo reagovala na pojavu ovog dela. Napisi kao oni u zadarskom listu „Osservatore Dalmata", tršćanskima „Letture di famiglia" i „Il Diavoletto", rimskom „Fanfulla della Domenica" nižu se i u naredne tri decenije,[10] s

na Čudini na ovom njegovom poklonu". P. Vallussi, *nav. delo*, 10. Up. „Osservatore Triestino", n. 125, 17. X; n.132, 3. XI; n. 144, 1. XII, n. 154, 24. XII 1847; n. 5, 12. I; n. 18, 5. III 1848 (preštampano u „Gazzetta di Zara", n. 88, 8. XI; n. 89, 11. XI; n. 103, 30. XII 1847; n. 8, 27. I; n. 60, 16. XI 1848); „ La Dalmazia costituzionale", n. 13, 10. VIII 1848; „Osservatore dalmato" n. 194, 5. XII 1851; n. 163, 12. X; n. 166, 17. X 1852; „Corriere italiano" (Beč) n. 240, 15. X 1852. Čudina će uz nove prevode objaviti i ove, popravljene: *Canti del popolo slavo*, Firenca 1878, vol. II i u *Storia del Montenegro*, Split 1882. Za razliku od Rešetarove, poznija kritika smatra Čudinu dobrim prevodiocem. Up.: D. P. Berić, *Nekoliko podataka o prvom prevodu „Gorskog vijenca" na italijanskom jeziku, „Istorijski zapisi"*, IV / 1951, sv. 1–3, 108–113; P. Galić, *Italijanski prevodi iz Njegoševa „Gorskog vijenca" u periodiku „Gazzetta di Zara"*, „Stvaranje", XVIII/1963, br. 9–10, 155–163.

[10] U štampi na italijanskom zabeležena je Njegoševa smrt: *Ultimi momenti del Vladika di Montenegro*, „Osservatore Dalmata", n. 186, 21, XI 1851, 1. Tršćanski „Il Diavoletto" obaveštava tokom decembra 1851. o Crnoj Gori i njenom vladici: up. br,: 322, 333, 334, 340, 341, 342, 343. F. Carrara, *Il Vladika del Montenegro ritratto dai suoi coloqui*, „Letture di famiglia" 1/1852, n. 3, 58–60. Karara je upoznao Njegoša prilikom njegove druge posete Trstu, kad ga je vladika i pozvao da dođe u Crnu Goru i da je opiše kao što je i Dalmaciju, da bi je Evropa upoznala: „Kod mene ćete naći skromnu biblioteku, dosta novina, dobre konje i dobar duvan, jednostavnu kuhinju, poneku bocu šampanjca i srdačno gostoprimstvo. I vidjećete da Crna Gora nije zemlja divljaka". Opisujući vladiku, njegov izgled, učenost, između ostalog kaže da su razgovarali o Kosovu (na Kararino pitanje da li je u poslednje vreme njištao konj Kraljevića Marka, Njegoš odgovara: „Ne, zaboga, ali će zanjištati!"). Up i I. Bonači, *Njegoš u Splitu*, „Stvaranje" XV/1960, br. 2, 992–995.

P. L. Generini, *Pere e Vilka ossia il Montenegro, suoi usi e costumi, brano di romanzo inedito*, Trst 1853. Autor tvrdi da se radnja dešava 1846, ali po mnogim detaljima iz opisa Cetinja i posete vladici, vidi se da je to bilo kasnije. Up. prevod i belešku Lj. Klančića u „Glasniku Etnografskog muzeja na Cetinju", 1963, knj. III, 189–217.

U ovaj prvi period recepcije Njegoša spada i poglavlje o Njegošu (*Del Vladika Pietro Petrović Njegoš e del suo Gorski Vijenac*) Čudine u *Canti...*, 83–128. Ističući da ga je za pesnika vezivalo prijateljstvo, detaljno opisuje uređenje Crne Gore, analizira i prepričava glavne epizode *Gorskoga vijenca*, a prevode povezuje kratkim sadržajem. U pomenutoj Dal Ongarovoj priči dat je, s velikim simpatijama, Njegošev portret.

tim da krajem stoleća počinju jenjavati, da bi dvadesetih godina našeg veka postali učestaniji. Možda je iz tog razdoblja jedan od najznačajnijih priloga Kasandrićev rad.[11]

Dalja interesovanja za Njegoša i njegovo delo podudaraju se s razvitkom italijanske slavistike, odnosno srbokroatistike (godine 1926. u Italiji se osniva prva katedra za slovensku filologiju, dvadesetih godina pokreću se i prvi slavistički časopisi, a 1940. otvara se katedra za srbokroatistiku). Slavisti Damijani, Urbani, Maver, Kronija, Pikio, Meriđi, i u više navrata, pišu o Njegošu u specijalizovanim časopisima, istorijama književnosti, enciklopedijama.[12]

M. Zar, *Un principe poeta*, „Fanfulla della Domenica", IX/1887, n. 45, 2–3. Analizira Njegošev život i sadržaj *Gorskog vijenca* koji deli na 9 slika, poput nemačkog prevodioca. Posebno se osvrće na epizodu u Veneciji. Preštampano, između ostalog, u *Studi slavi di letteratura ed arte*, Zadar 1890. U italijanskoj literaturi o Njegošu pominje se i R. Bratti, *La storia del Montenegro narrata da un principe Petrovich*, „Natura ed Arte" (Milano), V/1895, n. 22, 826–827. Međutim, to je prevod kodeksa iz 1754. crnogorskog mitropolita V. Petrovića.

[11] P. Kasandrić, *Pietro II Petrović-Njegoš*, La traslazione delle sue ceneri sul Lovćen, „L'Europa Orientale", V/1925, 750–772.

[12] E. Damiani, *Il poeta principe serbo-montenegrino e il suo „Gorski Vijenac"*, „La Rivista di Cultura", V/1924, n. 12, 449–457. Povod i ovog napisa je prenošenje Njegoševa praha. Da bi pokazao koliko je naš pesnik nepoznat u Evropi, navodi slučaj francuske spisateljice koja je naslov dela uzela za ime pesnika.

U. Urbani, *Pietro II Petrović-Njegoš* u *Scrittori Jugoslavi*, II, Trst 1927, 11–20; *Pietro II Petrović Njegoš principe e poeta serbo*, „Ateneo veneto", CXXX/1939, vol. 126 n. 5, 267–271 (prevod odlomaka *Draško u Mlecima*, 1532–1581; među onima koji su opevali Veneciju Njegoš zauzima posebno mesto); *Un principe poeta montenegrino*, „Rivista di letterature comparate", III/1948; predgovor I (*Pietro II Petrović Njegoš* u P. II Petrović Njegoš, *Il Serto della montagna*, Milano 1939, VII–XXII) i II izdanju (*Il Serto della montagna di Pietro II Petrović Njegoš ež il capolavoro della letteratura serba* u *P. II Petrović Njegoš, Il Serto...*, Padova 1960, IX–XXVII; *Završni akordi „Gorskog vijenca"*, „Stvaranje", XVIII/1963, br. 9–10, 16–20 (prevod završnog predavanja na tršćanskom radiju, G. Maver, *Il poeta montenegrino Petar Petrović Njegoš*, „Il Ponte", XI/1955, n. 8–9, 1433–1442. (broj posvećen Jugoslaviji); *Letteratura serbo-croata* u *Storia delle letterature moderne d'Europa e d'America...*, VI, Milano, 145–149; *Petrović Njegoš Petar* u *Enciclopedia italiana di scienze, lettere ed arte*, vol. XXVII, Rim 1935, 62–63.

Svi Italijani koji učestvuju u prvoj fazi recepcije Njegoša vezani su za tršćanski romantičarsko-risorđimentski kulturni krug. Bavljenje crnogorskim vladikom samo je jedan vid njihove delatnosti na zbližavanju svoje sredine s „mondo slavo". A veliku zaslugu za brzo upoznavanje s Njegošem imaju i književni poslenici s ove obale Jadrana, kao „kulturni posrednici" iz krajeva „gde se slavenski i italijanski narodi i jezici prepliću i prožimaju".[13]

Jedni i drugi se, često i vrlo nadahnuto, bave više spoljašnim izgledom Njegoša no njegovim književnim delom. Naprosto se ushićuju njegovom lepotom, izuzetnim rastom („ za glavu viši od lepih ljudi svoje domovine" – reći će Dal Ongaro), osobito odećom, utiscima koje je ostavljao na putovanjima po Italiji. Dive mu se kao vladaru i reformatoru: „Nijedan poglavar države nije bio savršeniji od njega".[14] Opisi Njegoša najčešće su u kontrastima: vladar a pesnik, odličan strelac, „dinarski ratnik" a mirotvorac, sin filozofije skepticizma svoga veka a vladika. S obzirom na edukativnu ulogu i risorđimentski duh većine glasila, razumljivo je što se posebno ističe junaštvo Crnogoraca i patriotizam njihovog vladara: Njegoš i njegov narod mogli su služiti uzorom tadanjim Italijanima.

Članci su pisani uglavnom raznim povodima: poseta Italijana Crnoj Gori, dolazak Njegoša u Italiju, štampanje *Gorskog*

A Cronia, *Filologia slava, Introduzione al Romanticismo nelle letterature slave, Aspetti generali, personalità principali*, Padova, Gruppo dei fascisti *universitari*, 1940, 205–211 (Njegoš među *Minori*, kao predstavnik manje književnosti i kao manji sam po sebi); *Il grande aedo del Montenegro...* u *Storia della letteratura serbocroata*, Milano 1956, 263–272; *La conoscenza..., Le più belle pagine della letteratura serbo-croata* 1963, 93 (beleška uz Urbanijev prevod: *Impressioni di Venezia, Meditazioni dell'-igumano Stefano*); *La fortuna di Dante nella letteratura serbo-croata*, Padova 1965, 79–88 (o Njegošu u poglavlju *Echi*).

R. Pi(cchio) u *Dizionario letterario degli Autori*, Milano 1957, III, 140. B. Meriggi, *La letteratura della Jugoslavia*, Milano 1970, 117–122. Italijani su mogli posredno da upoznaju Njegoša u: Lj. P. Nenadović, *Lettere dall'Italia*, Rim 1958 (prevod i predgovor, vrlo zloban u odnosu na Njegoša: F. Trogrančić, 12–15).

[13] P. Vallussi, *nav. delo*, 9–10.
[14] Dal Ongaro kaže i da je Njegoš bio Saul i Samuilo svoje zemlje. *nav. delo*, 300–302.

vijenca, pesnikova smrt, prenošenje Njegoševih posmrtnih ostataka na Lovćen.

Pozniji, naučno utemeljeniji radovi više se bave tumačenjem književnog opusa i pokušajima da Njegoša tipološki odrede unutar širokog okvira evropskog romantizma. Proučavajući srpski romantizam u njegovoj dvostrukoj evolutivnoj liniji, Kronija Branku Radičeviću, „univerzalnom tipu romantičara", suprotstavlja Njegoša – „nacionalnog barda".[15] Mnogi književni istoričari uz Puškina, Bajrona i Leopardija uvrštavaju Njegoša u najveće pesnike svetskog bola, ali njegova dela ne ocenjuju podjednako. Na primer, na stranicama Meriđijeve istorije književnosti možemo pratiti implicitnu polemiku sa začetnikom italijanske srbokroatistike. Naime, kad autor kaže da se u *Luči mikrokozma* filozofija skladno uklapa u poeziju i da sadržaj nije zasenio stilske vrednosti, on se suprotstavlja Kronijinom mišljenju: „Dok je Njegoševa filozofija dosegla vrtoglave visine, dotle je umetnost njegova ostala u senci.".[16]

Pošto su, u stvari, i ovi, noviji radovi prevashodno popularizatorski i ne mogu izmeniti saznanja do kojih je došla naša njegošologija, mišljenja smo da su najpodsticajnija za nas poređenja Njegoša s italijanskim pesnicima. Svakako ne ona kao što je Urbanijeva tvrdnja da je *Gorski vijenac Božanstvena komedija* srpskog naroda, već, retke, komparativne analize. Kronija smatra da je za alegorijsku viziju srpske istorije u *Zarobljenom Crnogorcu od vile* Njegoš našao podsticaj u poslednjim pevanjima *Čistilišta* i *Raja*. Tragom čestog pominjanja *Božanstvene komedije* kao Njegoševe lektire, Kronija pronalazi detalje za koje bi se moglo reći da ih Njegoš duguje Danteu, pa zaključuje da u *Luči* Dante i jeste i nije prisutan. Kasandrić deo svoje studije o Njegošu posvećuje vrlo inventivnim poređenjima Njegoševe s Alfijerijevom i Leopardijevom poezijom, što ni pre ni posle njega niko nije činio. On navodi da je Petar Petrović vrlo dobro poznavao italijansku književ-

---

[15] *Filologia slava...*, 205.
[16] B. Meriggi, *nav. delo*, 119. I pored velike simpatije i divljenja koje pokazuje u svojim čestim pisanjima o Njegošu, Kronija je i najkritičniji od svih italijanskih autora. Mišljenja smo da to proističe iz njegovog načelnog odnosa prema našoj književnosti uopšte. Citat iz *Storia...*, 266.

nost, a pošto je u to doba italijanski tragičar bio veoma slavan, sasvim je razumljivo da je Njegošu mogao poslužiti i kao model: bliskost poezije dvojice autora uočava se u stilu, u funkciji početnih monologa, u mržnji prema tiranima, a u svečanoj intonaciji molitve vladike Danila Kasandrić pronalazi odjek stihova Davidove invokacije u *Saulu*. Misli iz Leopardijevih pesama *Žukva*, *Noćna pesma pastira lutalice* i *Italiji* izvršile su „snažan uticaj na misao crnogorskog pesnika".[17]

Italijansku njegošologiju, da je tako nazovem, posebno muči problem žanra i to pre svega *Gorskog vijenca*. S klasicističkim nasleđem, kojeg su se teško oslobađali, književni istoričari, ali i pisci manjih prikaza, usrdno su se trudili da negde „smeste" Njegoševo remek-delo. Čak i kad su odbijali da to čine, optužujući prethodnu kritiku da se bavila zaludnim poslom, oni su, opet, naglašeno, zauzimali stav prema žanrovskom određenju *Gorskog vijenca*. Od nevelikog je značaja pristup ovom problemu u našoj nauci o književnosti na koju se, inače, italijanska umnogome oslanja (ponekad i bez znakova navoda). Na primer, Kronija, tokom dvadeset godina pisanja o

---

[17] P. Kasandrić, *nav. delo*, 764-766. U literaturi se uzima kao sigurno da je Njegoš znao italijanski, a pominje se da je govorio napamet stihove iz *Komedije*. Poznato je i da je u biblioteci imao: A. Cesari, *Bellezze della Commedia di Dante Alighieri*, I-III, Verona 1824-1826. Pre Kronije, najiscrpnije o odnosu Njegoš–Dante: C. I. Kastrapeli, *Jesu li Sima Milutinović i Rade Tomov zajedno proučavali Danteovu „Komediju"?*, „Prilozi"...", XXII/1956, br. 1–2, 14–32. Pesma *Zarobljen Crnogorac od vile* dokazuje da je Njegoš „u svojoj mladosti, najkasnije u svojoj dvadeset drugoj godini... dobro poznavao djelo slavnog talijanskog pjesnika i primio sugestije iz njega". Pošto tada druge jezike nije znao, a poređenjem datuma može se utvrditi da se nije mogao služiti ruskim prevodom, biće da je *Komediju* čitao u originalu. Up. i: A. Šmaus, *Njegoš i Dante*, „Misao", XIX/1925, sv. 1, 1207-1210; D. M. Jeremić, *Njegoš i Dante* u *Kritičar i estetski ideal*, Titograd 1965, 217-223; bez poređenja tekstova, nalazi sličnosti između *Gorskog vijenca* i *Komedije*. Naša nauka je dala konačni sud o mogućem uticaju Dantea na *Luču mikrokozma*: M. Flašar, *Dante, Njegoš i heksameralno predanje* u zborniku *Dante i slavenski svijet*, Zagreb 1984, vol. III, 193-235 (Njegoš se od Dantea odvaja „i u kozmološkim pojedinostima slike vaseljene kroz koju pesnikova duša ushodi i u varijantama zajedničkih motiva vezanih od starina za određene tačke u toj geocentričnoj lestvici ushođenja"). Kola, čija se funkcija poredi s grčkim horovima, često se dovode u vezu s Manconijem.

Njegošu, u jednom radu naziva *Gorski vijenac* epsko-lirskom dramom, u drugom dramskim spevom, pa onda epskom dramom, spevom u dramskoj formi, da bi u svojoj istoriji srpskohrvatske književnosti, pošto je naveo razloge zbog kojih to ne može biti drama (ne postoji prava akcija, određene slike su izolovane, ne uklapaju se u glavni zaplet, a i ličnosti su više tipovi nego karakteri), pomalo ljutito zaključio: dramsko-epsko-lirska mešavina za koju se „ne zna kako je definisati".[18]

Sa žanrovskim određenjem tesno je vezan i problem triju jedinstava. U prvim ocenama, neposredno po objavljivanju, *Gorski vijenac* se smatra dramom, odnosno tragedijom i pripisuje mu se poštovanje jedinstva radnje, ali i jedinstvo mesta i vremena.[19] Kasnije se više govori o odsustvu aristotelovskih jedinstava, ponekad kao o mani, a ponekad kao o još jednom elementu koji potvrđuje apsolutnu novinu Njegoševog dela kao i zaludnost njegovog klasifikovanja u postojeće književnoistorijske okvire. Baveći se narativnom strukturom, sadržajem *Gorskog vijenca*, Kasandrić tvrdi da taj „prelepi venac epizoda" nije oblikovan po uzoru na klasične tragedije već da je to tragedija jednog naroda, tragedija koja niti ima niti može imati kraja, odatle i utisak nezavršenosti dela.[20]

Rekli smo da je prevođenje *Gorskog vijenca* počelo iste godine kad je delo i objavljeno: Čudina u „L' Osservatore triestino" najpre prevodi peto (označeno kao četvrto) *Kolo* i onda nekoliko godina nastavlja po raznim časopisima. Tih godi-

---

[18] U predavanjima studentima iz 1940. „epsko-lirskom dramom", a u *Teatro serbo-croato* (Milano 1955, 43), objašnjavajući zašto ne uvrštava *Gorski vijenac*, kaže da je to više jedan originalni dramski spev, nego drama. Prvi koji je na italijanskom postavio problem žanra, bio je M. Car (*nav. delo*, 33), a npr. Damijani *Gorski vijenac* smatra spevom u kojem se ne zna da li preovlađuje epsko, lirsko ili dramsko (*nav. delo*, 453).

[19] Frančeski se čudi što Njegoš uspeva da u svojoj drami, pored jedinstva radnje, održi i jedinstvo mesta i vremena usred „mnogobrojnih međusobno suprotnih kombinacija i događaja" i „uvođenja uvek novih činjenica...", *nav. delo*, 182.

Čudina za svoje prevode kaže da su iz „slovenske tragedije".

[20] P. Kasandrić, *nav. delo*, 761. Up. i: K. Pirnet Marketi, *Gorski vijenac, Petra II Petrovića Njegoša (1813–1851) gospodara i vladike crnogorskog*, „Stvaranje", XVIII/1963, br. 1, 73–76 (prevod članka iz „Il giornale dei poeti" 1962, n. 5–6).

na pojavljuju se i radovi drugih prevodilaca.[21] Prvi, uslovno rečeno celovit prevod je Đovanija Nikolića iz 1903. godine,[22] a drugi Umberta Urbanija, iz 1909 (drugo izdanje 1960).[23] Međutim, u italijanskoj literaturi o Njegošu napominje se još jedan, i to kao najbolji, neobjavljen prevod Kasandrićev (sud o valjanosti tog prevoda najčešće se donosi na osnovu odloma-

---

[21] G. Nikolić, „Il „Nazionale", VIII/1869, n. 37, 1-3 „La Domenica", III/1890, n. 43, 324; M. Stazić, „Narodni list", XVI/1877, br. 15, 2; M. Car, „ Narodni list", XVI 1877, br. 53, 2.

[22] *Il Serto della Montagna, Quadro storico del secolo XVII*, traduzione dal serbo di G. Nicolić, Fabriano 1902 (Predgovor o Njegošu i njegovom delu, 5–16). O ovom prevodu kritika ima vrlo negativan sud: M. Rešetar ga smatra lošim kao i ruski Lukjanovskog, „sa još slabijim poznavanjem originala" (u predgovoru iz 1923, LVIII); P. Galić mu zamera izostavljanje i dodavanje stihova, udaljavanje od originala, upotrebu jedanaesterca, a prevod karakteriše kao parafrastičan, koji može upoznati italijanskog čitaoca samo sa sadržajem originala (*O nekim stihovima iz „Gorskog vijenca" u Nikolićevu prijevodu*, „Stvaranje", XIX/1964, br. 7-8, 927–930); a Đ. Skotiju je neka vrsta italijanske trubadurske epopeje (*nav. delo*, „Stvaranje", 557).

[23] Pietro II Petrović Njegoš, Principe del Montenegro, *Il serto della montagna,...* versione di U. Urbani, commento di M. Rešetar, Milano 1939; Padova 1960. O ovom prevodu različiti su sudovi. Najoštriji M. Rešetara (*Pietro II Petrović Njegoš ... versione di Umberto Urbani...*, „Prilozi"., XIX/1940, br. 1–2, 186–190), koji se u stvari ograđuje od ovog izdanja. Urbani „preslabo poznaje naš jezik a da bi mogao prevesti bez krupnih pogrešaka takovo djelo kao što je *Gorski vijenac"*. Isto tako nepovoljna po Urbanija je i kritika V. Lovrića, koji navodi niz krupnih grešaka: *Osvrt na italijanske prevode Njegoševa „Gorskog vijenca"*, „Stvaranje", X/1955, br. 2, 89–95. Bolje misle o prevodu: B. K(ovačević), *Italijanski prevodi „Gorskog vijenca"*, „Srpski književni glasnik", XLIX/1940, br. 1–4, 556–557; Đ. Skoti, *nav. delo*, „ Stvaranje", 557; D. Dardi, *Riječ o Urbanijevom prevodu „Gorskog vijenca"*, „Stvaranje", XVIII/1963, br. 9–10, 16–20 (prevod prikaza čitanog na radiju Trst); K. Spasić, *Njegoš i Francuzi*, Zaječar 1988, 665–666. I prvo i drugo izdanje pozdravljeno je u štampi: zagrebački „Obzor" iste godine, ljubljanska „Modra ptica" (1. X 1940), beogradsko „Vreme" (20. XII 1940; 19. II 1941); Č. V(uković), *Gorski vijenac na italijanskom*, „Stvaranje", XV/1961, br. 1, 99–100; D. Dardi, *nav. delo*; K. Pirinet-Marketi u „Il giornale dei poeti", n. 5–6, 1962, preštampano u „Stvaranju", XVIII 1963, br. 1, 73–76.

Urbani je odgovorio na Rešetarovu kritiku: *O mome prevodu „Gorskog vijenca" na italijanski*, SKG, 1940, br. LXI, 41–45.

ka štampanih uz autorovu studiju).[24] Osim ode Trstu, od drugih pesnikovih dela prevedena je, 1901, pesma *Crnogorac k svemogućem Bogu* (prevodilac Čezare Vondini Kvarengi, član barnabitskog reda),[25] potom, očito iz političkih razloga, mladalačko pesnikovo delo *Glas kamenštaka* (kao što je poznato, prevod će kasnije pomoći da se rekonstruiše izgubljeni original) i *Oda stupanja na prestol Ferdinanda I*.[26]

Od 16 netačnih mesta koje citira Rešetar, Urbani je popravio samo dva; 7. st. brijeg preveo sa colle (brežuljak), u 2. izdanju: lido; „najkrupniju pogrešku" st. 2466 „po tri pasa igraju u kolo, sve bi rekâ jednogodišnjaci" – „a nessuno daresti piú di un anno" (nijednomu ne bi dao više od godinu dana) u: „come se fosser tutte coetanee".

[24] P. Kasandrić, *nav. delo*. Na osnovu rukopisa, piše M. Rešetar: „Ja taj prijevod poznajem, te znam da je i vjeran i tačan i sastavljen s dubokim poznavanjem i našega i talijanskoga jezika". *nav. delo*, 190. Podrobnije podatke daje B. Desnica, *Još nešto o talijanskim prevodima „Gorskog vijenca"*, „Stvaranje", X/1955, br. 4, 245–247. Objašnjava kako je došao do rukopisa (poslednji put ga video 1943), opovrgava tezu da je prevod potpun, tvrdi da nije dorađen, a za sam prevod kaže da je zasigurno „daleko nadmašio" ostale prevode na italijanski, da je „savjestan, tačan, vjeran i do najvišeg stepena korektan prevodilački rad", ali da je „u čisto poetskom smislu prilično suh, uglat, izmjeren, nekrilat, nedinamičan, bez nerva". Ima pomena i drugih, neobjavljenih prevoda: Lj. Durković-Jakšić, *Da li je objavljen Čulićev prevod „Gorskog vijenca"?*, „Istorijski zapisi", III/1950, sv. 4–6, 251–253 (odgovor na belešku H. P. istog naslova u „Stvaranju", II/1947, 7–8, 471). K. Spasić u *nav. delo*, 666-667 pominje, prema pisanju „Bosanske vile", 10. I 1893, 3, prevod L. Zaje. D. Dardi navodi da je Bruno Neri u časopisu „Termini" pred II svetski rat preveo neke odlomke *Gorskog vijenca* (*nav. delo*, 31).

Uzgred napominjemo da je 1886 (1. jula) u „Glasu Crnogorca" objavljen prevod Č. Vondinija, uz original tužbalice sestre Batrićeve. O tome V. Kilibarda, *Ital. knjiž. u Crnoj Gori do 1918*, Nikšić 1992, 104-105.

[25] *Il Montenegrino all' Onnipossente, ode*, trad. di C. Vondini de Quarenghi, Rim 1901, Up.: S. Kastrapeli, *Talijanski prijevod Njegoševe pjesme „Crnogorac k svemogućem bogu"*, „Stvaranje", VIII/1953, br. 7–8, 508–509.

[26] Up. P. Kolendić, *Njegošev „Glas kamenštaka" u italijanskom prijevodu Petra Sentića*, Spomenik SKA, XCIV, Beograd, 1941. J. Milović, *Neki podaci o izgubljenoj Njegoševoj pohvalnoj pjesmi saksonskom kralju Fridrihu Augustu*, „Istoriski zapisi", III/1950, sv. 10–12, 498–499; B. Stojančević, *Njegoševa „Oda stupanja na prestol Ferdinanda I u italijanskom prevodu od 1885*, „Prilozi...", XII/1956, br. 3–4, 281–289.

Prevođenje *Gorskog vijenca* na italijanski ponovo postavlja problem prevođenja našeg deseterca kako narodne, tako i umetničke poezije. Naime, i Nikolić i Urbani, poput većine prevodilaca pojedinih odlomaka, kao ekvivalent našem desetercu upotrebljavaju italijanski jedanaesterac (*endecasillabo*), najpopularniji italijanski stih. Ali, ako se to može shvatiti u slučaju prvih prevodilaca, pa donekle i kod Nikolića (po još važećem principu poetike prevođenja XIX veka: najtipičniji stih jedne prevodi se najtipičnijim stihom druge književnosti), u slučaju Urbanija zvuči kao pravi anahronizam (ma koliko prevodilac sebe hvalio i, uz pomoć Bogdana Popovića, objašnjavao svoj metrički izbor).[27] Jedino Kasandrić, koji je od Tomazea nasledio načelo vernog prevođenja, poštuje metar originala, pa ga poštuje i kad prevodi našu narodnu poeziju. I ne samo što poštuje vernost, već i recepciju ovakvog metra: *decasillabo* je stih italijanske romatičarsko-patriotske poezije tragično intonirane.

Nisu samo naši prevodioci tog vremena prilagođavali tekst originala aktualnom ukusu čitalačke publike (kao, na primer, Tomanović koji Gveracijevo obraćanje „damama i vitezovima" svodi samo na muški rod). U prevodu ode *Tri dana u Trijestu* Dal Ongaro izbacuje stihove u hvalu grofa Štadiona koji je, kao guverner Trsta, Njegošu priredio svečan doček. Razlog više nego jasan: strasni protivnik Austrije nije mogao da podnese, čak ni u slučaju konvencionalnih pobuda, takve stihove. A smatrao je da to ne bi mogli ni čitaoci njegove „Faville". Drugi primer je iz Nikolićevog prevoda: najverovatnije plašeći se reakcije italijanskih čitalaca, prevodilac izostavlja scenu vojvode Draška u Mlecima, koju inače svi italijanski autori hvale i svrstavaju u antologijske izbore.

Činjenica što se po broju na italijanskom objavljenih radova o Njegošu sadašnja faza mnogo razlikuje od prve, toliko bogate prilozima, svakako se može tumačiti zaokupljenošću

---

[27] U predgovoru 1. izdanju prevoda Urbani navodi delove pisma B. Popovića koji, na osnovu rukopisa, hvali njegov prevod. *Nav. delo*, XXI–XXII.

italijanske srbokroatistike drugim periodima i drugim temama. Zato bismo od srca poželeli da knjiga koja govori o menama u Njegoševom odnosu prema Italiji kao plodu vladičinih boravaka u Italiji, a koju smo videli u rukopisu, što pre ugleda svetlost dana.[28]

---

[28] Radi se o rukopisu knjige Sofije Zani, profesora srbokroatistike u Padovi.

IVO ANDRIĆ U ITALIJANSKOJ KRITICI

O Andrićevom odnosu prema italijanskoj književnosti u nas se već poprilično zna: postoji o tome obimna, a delom i veoma značajna literatura.[1] Naš zadatak je da pokušamo osvetliti mesto Iva Andrića u Italiji[2], za čiju kulturu je on bio toliko vezan i čiji jezik je odlično poznavao.

U široj čitalačkoj publici Italije Andrić postaje popularan tek dobijanjem Nobelove nagrade za književnost i prevođenjem njegovih romana, što se vremenski podudara, a što jedno drugo obavezno ne uslovljava.[3] Međutim, znalcima i knji-

---

[1] E. Sekvi, *Andrić. Italija i Italijani* u zborniku *Ivo Andrić*, Beograd, Institut za književnost i umetnost, 1962., 287–299, M. Karaulac, *Rani Andrić*, Beograd – Sarajevo, 1980, Š. Jurišić, *Talijanske teme Ive Andrića* u zborniku *Delo Ive Andrića u kontekstu evropske književnosti i kulture*, Beograd, Zadužbina Ive Andrića, 1981, 689–697; Ž. Đurić, *Tragovi Leopardijeve misli u „Ex Pontu" i „Nemirima" Ive Andrića*, „Sveske Zadužbine Ive Andrića", 3/1985, 230–246; I. Tartalja, *Gvičardini i Andrić, putevima brige za ćutanje o tajni*, „Sveske Zadužbine Ive Andrića", 5/1988, 215–224. U okviru literature o Andriću i italijanskoj književnosti poseban deo čine radovi N. Stipčevića; *Ive Andrića prevod Političkih i društvenih napomena Frančeska Gvičardinija; (Miscellanea Guicciardiniana) Ive Andrića* (Kritički priredio i istumačio N. S.); *Ivo Andrić – prevodilac i tumač Frančeska Gvičardinija*, „Sveske Zadužbine Ive Andrića" 2/1983 (poseban otisak), 5–80; 81–154; 155–197; *Andrićevo čitanje izveštaja mletačkih ambasadora; „Venecijanski ambasadori"* (kritički priredio N. S.), „Sveske Zadužbine Ive Andrića", 3/1985, 111–115; 117–169.

[2] Osim uzgrednih napomena, samo: J. Marchiori, *Ivo Andrić i talijanska književnost*, „Dobri pastir", XI–XII 1962, sv. I–IV, 403–404. Osnovna bibliografija italijanske kritike o Andriću: D. Zandel–G. Scotti, *Invito alla lettura di Andrić*, Milano 1981, 109–110.

[3] *Il Ponte sulla Drina*, Milano 1961 (prevod V. Meriggi); *La Cronaca di Travnik*, Milano 1961 (prevod L. Salvini); *La Signorina*, Milano 1960 (prevod B. Meriggi); i *Il Cortile maledetto*, Milano 1962 (prevod J. Marchiori).

ževnoj kritici Andrić je bio poznat još mnogo ranije: četrdesetak godina pre ovog velikog svetskog priznanja u Italiji izlazi prvi napis o njemu – *Un gigante: Ivo Andrić*, i to iz pera jednog od osnivača italijanske slavistike Đovanija Mavera. A prvi prevodi na italijanski – dve pesme i zbirka pripovedaka –1937.[4]

Bez sumnje, istinska, široka popularnost Andrićeva u Italiji javlja se 1961. godine i traje, nekoliko godina veoma a potom nešto manje intenzivno, sve do dana današnjeg. Na italijanski preveden je gotovo ceo Andrić, a neka su njegova dela doživela i više prevoda. O stogodišnjici, objavljen je nov prevod *Proklete avlije* L. Konstantinija, a 1993. izbor iz Andrićevih pripovedaka o Sarajevu (*Racconti di Sarajevo*) u popularnoj ediciji džepne knjige *100 stranica – 1000 lira*.[5]

O značaju prevođenja sam Andrić kaže: „Svaki mali narod teži da svoju misao saopšti drugim narodima. Prirodno je da težimo da u Italiji budemo poznati kao što su Italijani poznati u nas. Prirodno je da je za svakoga od nas posebna radost da bude preveden u Italiji."[6]

Neposredno nakon dodeljivanja Nobelove nagrade Andrić postaje najčitaniji pisac u Italiji. U italijanskoj štampi Andrićevo ime, s fotografijama, s naslovima preko nekoliko stubaca, s biranim citatima i osvrtima, nalazi se na najistaknutijim mesti-

---

[4] G.Maver, *Un gigante: Ivo Andrić*, „L'Europa orientale", IV, 1924, n. 1, 51-53. Alba, *Nel mese di marzo*, „Termini", II, 1937, n. 12, 266 (prevod B. Neri); *Il Ponte sulla Žepa* u *Il Ponte sulla Žepa ed altre novelle serbocroate*, Milano 1937, 6-19 (prevod U. Urbani).

[5] Izbor i prevod D. Badnjević Oraci.

[6] Iz razgovora koji je s Andrićem vodio novinar rimskog književnog nedeljnika „La Fiera letteraria" Osvaldo Ramous (5. XI 1961).

Podaci na osnovu M. R., *Per la letteratura Ivo Andrić – Premio Nobel*, „L'Unita", 27. X 1961; Kvazimodo: *Delo dostojno najveće nagrade*, „Politika", 28. X 1961; G. Marano, *Il Mesaggio narrativo di Ivo Andrić*, „Gazzetta del Veneto", 16. XI 1961; O. G., *A colloquio con i „Premi Nobel"*, „Radiocorriere", 31. XII 1961, „Gospodarstvo", 19. I 1962, „Gazzetta del Veneto", 1. II 1962 (prenose anketu milanskog lista „La Notte" o najčitanijim knjigama u pojedinim delovima Italije); G. Vigorelli, *Andrić ed altri jugoslavi*, „Radiocorriere", 13. V 1962; G. Tumiati, *Intervistare Ivo Andrić „premio Nobel" è come rivivere la storia della Jugoslavia*, „La Stampa", 21. V 1963; Č. Kesić, *Ukratko: biti čovjek*, „Oslobođenje", 18. XII 1971.

ma. Naširoko se govori o majstorstvu Andrića, o njegovoj kulturi, stilu njegovu. Doduše, u opštim pohvalnim reagovanjima ponekad se može naići i na tonove čuđenja – deo italijanske javnosti je možda očekivao da će Nobelova nagrada pripasti Albertu Moraviji, uz Andrića najozbiljnijem kandidatu.

Listovi objavljuju pohvale italijanskih književnika novom nobelovcu. Ungareti, na primer, izjavljuje da je Andrić „izvanredan pisac" i da je dodeljivanje nagrade samo potvrda njegove velike i zaslužene popularnosti. Kvazimodo kaže da o Andriću ne zna mnogo, ali pošto je pročitao roman *Na Drini ćuprija* smatra da je taj pisac zaslužio „najčuveniju i najželjeniju" nagradu. Sam Moravija upućuje Andriću čestitku, istini za volju, donekle suzdržanu.

Po gradovima Italije organizuju se akademije, književne večeri, rasprave o delu Iva Andrića, a u svemu tome prednjači Trst.

Opšti zaključak o reagovanju celokupne italijanske kulturne javnosti možda najtačnije sažima naslov jednog priloga: *Dodeljivanje Nobelove nagrade Andriću potvrda je vrednosti evropske tradicije.*

Najzad, Ivo Andrić u Italiji ulazi u obaveznu srednjoškolsku lektiru[7].

*

Celokupnu italijansku književnokritičku literaturu o Andriću mogli bismo uslovno podeliti u tri faze:

– prva: od 1924. do početka šezdesetih godina,
– druga: od početka šezdesetih godina do početka sedamdesetih i
– treća: od početka sedamdesetih godina do danas.

Uporedo s praćenjem razvitka prihvatanja i izučavanja Andrića u Italiji kroz pomenute tri faze, možemo pratiti i etape razvitka same italijanske slavistike, odnosno srbokroatisti-

---

[7] *La danza con la vita*, Napulj 1983, 51–68 (pored tri bajke I. Brlić-Mažuranić) Editrice Ferraro objavljuje tri Andrićeve pripovetke: *Aska i vuk, Most na Žepi* i *Toranj*. Predgovor, izbor i prevod: G. Scotti; didaktička objašnjenja i beleške: G. Calamaro.

ke, isprva informativno-popularizatorskog, a potom sve više naučno-istraživačkog karaktera.[8] Prva faza, naravno, siromašnija, obuhvata nekolike recenzije prevoda i nešto opširnije pisanje Urbanaza-Urbanija u knjizi članaka o jugoslovenskim književnicima *Scrittori-Jugoslavi* iz 1927. godine. Za nas je ta knjiga, jedna od prvih ove vrste u Italiji, posebno zanimljiva i stoga što ilustruje naše tadašnje bliske kulturne veze s tom zemljom. Posvećena je kraljici Jeleni Savojskoj, a predgovor joj je napisao Pavle Popović, u to vreme i rektor Beogradskog univerziteta. Članak o Andriću pisan je na osnovu *Ex Ponta* i četiri od dotad objavljenih pripovedaka. Predstavljajući knjigu italijanskim čitaocima, Pavle Popović ističe da ona ne daje analitičku kritiku (koja, s obzirom na dotadanje poznavanje materije u Italiji, nije ni moguća), već samo niz skica portreta naših pisaca. Međutim, i takva, knjiga može donekle da zameni preko potrebnu antologiju naše savremene književnosti.[9] Dalje, u prvoj fazi objavljena je i Kronijina *Istorija srpskohrvatske književnosti*, čije će naredno izdanje doneti dopunjen prilog o Andriću. Ova istorija umnogome će uticati na potonju kritiku o Andriću, koja, počesto i doslovce, preuzima Kronijine stavove (pa i bez oznaka navođenja!).[10]

U drugu fazu ulaze prevashodno prigodni, ponekad za datu priliku i neobično obimni, ali i studiozni članci, kojima je cilj da italijanske čitaoce upoznaju s pojavom i delom ovog nobelovca.[11] Istovremeno, uz nove prevode pojavljuju se i te-

---

[8] Živo interesovanje za slovenske zemlje i njihovu kulturu u Italiji počinje tek po svršetku I svetskog rata. Nastanak italijanske slavistike kao samostalne naučne discipline vezan je za Đ. Mavera i E. Lo Gata. Prva katedra za slovensku filologiju osnovana je 1926, a za srbokroatistiku, na čelu s A. Kronijom, 1940.

[9] U Urbanaz-Urbani, *Ivo Andrić* u *Scrittori Jugoslavi*, Trst 1927, 22. 189-200 (Collezione di letterature Slave, II). Četiri pripovetke koje, po autorovim rečima, „ne ilustruju samo lik pisca, već i istoriju jednog od najnesrećnijih delova Evrope – Bosne..." (189) su: *Za logorovanja, Mustafa Madžar, Ljubav u kasabi* i *Planine Ržave*.

[10] A. Cronia, *Storia della letteratura serbo-croata,* Milano 1956, 526–529 (drugo izdanje: 1963).

[11] Pored članaka iz italijanske periodike u fusnoti br. 6, u ovom razdoblju javljaju se i sledeće recenzije na nove prevode: A. Cronia, *Andrić*

meljiti predgovori. Osim osnovnih podataka, oni daju i kritičku analizu dela, ponekad i elemente Andrićeve poetike.[12] Međutim, čini nam se da bitni pomak u izučavanju i poimanju Andrića u Italiji predstavljaju zapravo četiri ključna rada. Prvo, nadahnuti esej A. Zambaldi *U otkrivanju Bosne*, u čijem bi kritičkom prosedeu moglo da se prepozna takozvano žensko pismo.[13] Drugo, Skotijev (*Humanost Andrića pesnika*), koliko nam je poznato, dosad jedini pokušaj da se neki italijanski autor pozabavi konkretnom temom unutar celokupnog Andrićevog književnog opusa, i to s određenom tezom: sebi uprkos, Andrić kroz čitavu svoju prozu ostaje poglavito pesnik.[14] Treće, Marabinijeva *Pripovedačka proza Iva Andrića*[15] daje

---

Ivo – Cortile maledetto, „L'Italia che scrive", XLV 1962, n. 5, 96; G. Ginzi, *La Cronaca di Travnik*, „L'Europa letteraria", II, 1962, n. 13–14, 150––151; J. Marchiori, *La Cronaca di Travnik*, „L'Italia che scrive", XLV, 1962, n. 2, 34: M. Chiarenza, *Ivo Andrić, Il Ponte sulla Drina; La Signorina*, „Il Ponte", XVIII, 1962, n. 12, 1696-1698, A. Cronia, *Andrić Ivo – Il Ponte sulla Drina*, „L'Italia che scrive", XLIV, 1964, n. 10–11, 213–214; A. Cronia, *Andrić Ivo – I tempi di Anika e altri racconti*, „L'Italia che scrive", XLIX, 1966, n. 11–12, 187.

[12] Tako, na primer, predgovori: G. Grazzini u I. Andrić, *La Sete*, Firenca 1961 (prevod: L. Salvini); J. Marchiori u I. Andrić, *Il Cortile maledetto*, Milano 1966 (prevod: J. Marchiori); nepotpisana beleška uz I. Andrić, *I Tempi di Anika e altri racconti*, Milano 1966 (prevod: B. Meriggi); rad: G. Sudelli u *I. Andrić, Ex Ponto e altre opere*, Milano 1968 (prevod više autora).

[13] A. Zambaldi, *Alla scoperta della Bosnia*, „Studium", *1963, fasc. V,... 352-357*. U stalnoj rubrici „Književne hronike" daje prikaz celokupnog Andrića na italijanskom. U zaključku kaže da se čitanjem Andrićevih dela stiče prijatelj – ne samo zbog mnogo nepoznatog što nam pisac otkriva već i zbog njegove ljubavi prema zemlji i narodu, toliko velike možda upravo stoga što je bez iluzija.

[14] G. Scotti, *Umanità di Andrić poeta*, „Ausonia", V. 1963, n. 21, 56–62. Prikazujući Andrićeve početke, „Andrića koga je sam Andrić zaboravio", Skoti prevodi dve pesme i nekoliko odlomaka iz *Ex Ponta* i *Nemira*, dokazujući da ni u romanima ni u pripovetkama nije teško otkriti „duboko osećanje patnje i samoće, s jedne, i uzvišenu žicu poezije, s druge strane: karakteristična obeležja prva dva dela" (60). U književnost Andrić ulazi kao pesnik i melanholik.

[15] G. Marabini, *La narrativa di Ivo Andrić*, „La Nuova Antologia", 1967, vol. 499, fasc. 1996, 474–490. Neposredan povod eseju: objavljivanje zbirke pripovedaka *I Tempi di Anika*, ali Marabini analizira sve Andrićeve romane i najznačajnije pripovetke.

možda najzanimljiviju, najdublju analizu romana *Na Drini ćuprija*, čija je ideja o „hrišćanskoj pozadini" pobudila u nas živo reagovanje.[16] i, na kraju, J. Markijori, *Andrićev narativni itinerer*, zapravo jedina naučno utemeljena studija, s bogatom bibliografijom, zasnovanom na našoj dotadašnjoj (1968) literaturi.[17]

Treću fazu čini, pored ostalog,[18] za šire poznavanje Andrića u Italiji zasigurno najznačajnija knjiga iz istoimene milanske edicije *Poziv na čitanje ANDRIĆA*, autora D. Zandela, publiciste, i Đ. Skotija, istaknutog prevodioca i popularizatora naše književnosti.[19]

Edicija *Poziv na čitanje* velikih savremenih pisaca[20] daje kritički aparat, neophodan za „prodiranje u ekspresivni svet pisca i ispitivanje njegovog odnosa s kulturom ovog veka". Prema istovetnoj strukturi edicije i *Poziv na čitanje ANDRIĆA* počinje *uvodom* – '*Hronologijom*' koja ističe podudarnosti književnikove biografije s kulturnim i istorijskim zbivanjima tog vremena.[21] Osim uvoda, knjiga se sastoji iz tri dela:

---

[16] U prikazu eseja, S. Musić, pošto je pohvalio autora što je „osetio i naglasio" „esencijalne tačke" Andrićeve velike proze, zamera mu što je „sasvim nepotrebno... osenčio Andrićevo pripovedanje hrišćanskom pozadinom", „pobrkao moralnost sa religioznom negacijom života, pomešao elegiju i rezignaciju". *Najstariji italijanski časopis o Andriću*, „Politika", 10. IX 1967.

[17] J. Marchiori, *Itenerario narrativo Andriciano*, separat iz „Il mondo slavo", Padova 1969, 3–24. Intencija autora ovog rada više je u nastojanju da se italijanska naučna javnost upozna s osnovnim idejama naše kritike o Andriću nego iznošenje vlastitog tumačenja koje, međutim, nije sasvim izostalo.

[18] U ovom periodu osim dela u Meridijevoj istoriji književnosti (B. Meriggi, *Le letterature della Jugoslavia*, Milano 1970, 255–264, izlazi i nekoliko predgovora ili beležaka uz nove ili obnovljene prevode: B. Meriggi u I. Andrić, *Le Opere, Il Ponte sulla Drina. Racconti*, Torino 1970 (prevod B. Meriggi); G. Scotti u *Narratori bosniaci*, Trst 1973; F. Trogrančić, u *Fra Petar e fra Marco*, Rim 1974.

[19] D. Zandel, G. Scotti, *Invito alla letura di ANDRIĆ, Milano 1981 (Invito alla letura. Sezione straniera, 380).*

[20] U ovoj ediciji (savremene strane književnosti) ranije izašle i knjige o Apolineru, Babelju, Belom, Bulgakovu, Bretonu, Kamiju, Eliotu, Džojsu, Fokneru...

[21] '*Hronologija*' je data u tri paralelne kolone (*Andrićev život, Kulturni događaji* i *Istorijski događaji*).

„Život" (razvoj piščeve umetničke i intelektualne ličnosti), 'Dela' (analiza svih Andrićevih dela, uključujući i poeziju) i, na kraju, 'Teme i motivi' (s najvažnijim Andrićevim toposima). *Poziv* je pisan uglavnom publicistički, bez naučnih pretenzija, s ogromnom ljubavlju prema Andriću, ali i s izvesnim zamerkama. Očito marksističkih opredeljenja, autor u poglavlju 'Dela' polemiše s Andrićevim shvatanjem uloge čoveka i sudbine u istorijskim procesima i zamera piscu što u suštini ostaje na građanskim pozicijama.[22]

Radovi iz pomenute tri faze, objavljivani u periodici, izlazili su uglavnom u dnevnim i nedeljnim listovima, odnosno književnim časopisima, a ne u specijalizovanim slavističkim glasilima koja, međutim, napomenama i beleškama, redovno prate što u Italiji i u nas izlazi o Andriću. Autori tih radova mahom su slavisti, odnosno, u poslednje vreme, srbokroatisti koji se bave i prevođenjem Andrićevih dela, ređe književni kritičari.

*

U italijanskoj literaturi o Andriću postoje izvesne konstante. Svi književni istraživači i kritičari ističu epsku snagu, elemenat moralnog, univerzalno značenje, uprkos vremenskoj, a posebno prostornoj omeđenosti većine dela, melanholiju, odnosno, kako je sam pisac u intervjuu jednom italijanskom novinaru precizirao – *gorčinu*.[23] Gotovo svi oni smatraju da pripovetke i romane povezuju dominantne teme sveopšteg bola i ravnodušnosti vremena. Većina svoje zaključke potkrepljuje poređenjima s italijanskim ili svetskim piscima, doduše, više

---

[22] „... u suštini, Andrić je građanski pisac i kao takav veoma ograničen odsustvom hrabrosti i nepristrasnosti, što sputava originalnost njegove misli i njegove estetike". *Nav. delo*, 66.
[23] „La Stampa", 21. V 1963. U intervjuu jednom drugom italijanskom novinaru Andrić, povodom univerzalnog značenja i značaja književnog dela i svoje vezanosti za Bosnu, kaže: „Mislim da čovek piše o sopstvenoj 'maloj domovini' iz jednostavnog razloga što je bolje poznaje... Svaki čovek ima svoju zemlju gde polaže ispit svoga života. Nije važno zove li se Travnik, Rim, Pariz ili Carigrad. Ako pisac uspe da iz svoga kraja izvuče širi smisao, znači da je uspeo u svom poslu. U protivnom, ostaje lokalni pisac".

uzgredno nego na osnovu komparativnih analiza.[24] Međutim, malo pažnje posvećuje se izučavanju samog Andrićevog stila, iako ga svi jednodušno hvale. Najviše se italijanski kritičari razlikuju u ocenama *Gospođice* i *Proklete avlije*. Dok A. Zambaldi i J. Markjori smatraju *Prokletu avliju* delom zrele Andrićeve faze, s izrazitim psihološkim interspekcijama, a *Gospođicu* odličnim romanom, Marabini i Skoti ih ocenjuju kao silaznu liniju Andrićeva umetničkog stvaralaštva.[25]

Italijansku kritiku poprilično muči problem karakterizacije Andrićeve proze. Uočavanje vezanosti piščevog prosedea za narativni model prošloga veka stalno je mesto italijanske literature o Andriću. Samo što jedni kritičari to smatraju nekom vrstom mane, koju bi i da opravdaju, a drugi – odlikom. Isitčući da *Na Drini ćuprija* sledi tradiciju istorijskog romaneskong žanra, jedan od kritičara dodaje: „To je više nego roman, to je vrsta moderne epopeje ili traženje izgubljenog vremena, i to ne u čovekovoj intimi, već u istoriji."[26]

---

[24] Ex ponto s Leopardijem (Skoti), romane s Manconijem (Zambaldi). Kad govore o ranim Andrićevim delima, italijanski književni kritičari pominju Davidove psalme, Turgenjeva, Ničea, Paskala, Sv. Augustina... Gracini upoređuje konak iz *Priče o vezirovom slonu* s Kafkinim *Zamkom* (nav. delo, 12).

[25] Markjori u uvodu svog prevoda kaže da *Prokleta avlija* označava progres u Andrićevom književnom opusu (*nav. delo*, 9). Za Zambaldijevu *Gospođica* je osoben roman, ogoljena snažna priča (*nav. delo*, 353), dok je za Skotija čak „pogrešna knjiga": pisac je dotad uvek davao prednost epu, „velikim temama čoveka", a nije se bavio „individualnim slučajem". U ovakvom sudu Skoti se oslanja na Marabinijevo mišljenje (*nav. delo*, 66–73).

[26] G. Marano, *Il messaggio di Ivo Andrić*, „La gazetta del Veneto", 16. XI 1961, 3. Kronija govori o subjektivnom, „idealističkom" realizmu, Markjori o „najvišoj manifestaciji srpskohrvatskog realizma", Gracini o „realističkoj tradiciji prustijanskog senzibiliteta". Iako je u nas prvi preveo Bodlera i Vitmena, Andrić je – mišljenja je Skoti – pod snažnim uticajem XIX veka. U stalnoj Andrićevoj potrebi da objašnjava, Skoti prepoznaje manir Flobera ili Zole, što pisca čini više epigonom romana XIX nego pretečom romana XX veka (*nav. delo*, 78–79). Ipak, svi su jednodušni u oceni veličine pisca: najbolji prozaik poslednje dve decenije (Kronija, 1963), *Prokletom avlijom* može se takmičiti s najboljim piscima našeg vremena (Markjori), jedan od najvećih živih pisaca (Meriđi, 1966).

Pada u oči da, i kad brane Andrića – više od zamišljanih no od stvarnih mana i kritika – Italijani, verovatno uslovljeni samim vremenom, odnosno određenim tipom romana koji je u datom trenutku „u modi", uopšte ne primećuju ono moderno u Andrićevu pripovedanju.

Andrićeva dela su očito i tako podsticajna da, pišući o njima, poneki kritičari ne mogu a da ne iznesu i ponešto svoje: na primer, poređenje s vlastitim nedaćama (Urbani o svom tamnovanju), napad na modernu književnost (Gracini o sopstvenom poimanju literature) ili, posebno zanimljiv, izdavački kuriozitet italijanskog slaviste Trogrančića: bivši franjevac, svoj izbor Andrićevih pripovedaka naslovljava *Fra Petar i fra Marko*, a korice ilustruje slikom bosanskog franjevca odevenog u tursku nošnju.[27]

Na kraju, pomenimo da su se italijanske slavističke katedre uključile u obeležavanje Andrićeve stogodišnjice rođenja specijalnim kursevima i prevodima dela *Ex ponto* i *Nemiri*.

---

[27] U predgovoru Trogrančić tvrdi da su, i u romanima i u pripovetkama, najuspeliji likovi upravo stari bosanski fratri. Daje i vrlo zanimljivu, ali sasvim nesrazmernu i sadržaju predgovora nekoherentnu fusnotu o istoriji franjevaca u Bosni. Inače, ovo, u nas nezabeleženo izdanje Andrićevih pripovedaka, Trogrančić je objavio o svom trošku (*nav. delo*, 9–10).

NAPOMENA

Tekstovi iz ove knjige ranije su objavljeni u sledećim publikacijama:

Lazar Tomanović i italijanska književnost: Lazara Tomanovića prevod Gveracijevog romana „Obsada Fiorencije", Naučni sastanak slavista u Vukove dane, MSC, 11, Beograd, 1981, 127–139; *Lazara Tomanovića prevodi Petrarke, Foskola i Leopardija*, Prilozi za književnost, jezik, istoriju i folklor, 1979, knj. XIV, sv. 1–4, 559–576; *Prilog proučavanju Lazara Tomanovića kao književnog kritičara*, Zbornik za slavistiku, 23, Matica srpska 1982, 203–209.

Još neki podaci o saradnji N. Tomazea i P.P. Njegoša, Naučni sastanak slavista u Vukove dane, MSC, 8, Beograd 1978, 159–168.

Jovanovićev prevod Metastazijeve drame, Naučni skup slavista u Vukove dane, MSC, 25, Beograd 1986, 391–395.

Stavovi Dragiše Stanojevića o prevođenju „Bijesnog Rolanda", Zbornik Matice srpske za knjiž. i kulturu, knj. XX, sv. 2, 1972, 385–408.

Italijanska književnost na granici dva veka, Zbornik Matice srpske za knjiž. i jezik, knj. XXXIX, sv. 2, 1991, 277–283.

Problemi prevođenja italijanske kancone na srpskohrvatski jezik, Naučni sastanak slavista u Vukove dane, MSC, 12, Beograd 1982, 31–38.

Stih srpskohrvatskih prevoda sa italijanskog u drugoj polovini XIX veka, VANU, Naučni skupovi II, Colloquia litteraria: metrica et poetica II, Novi Sad 1987, 287–294.

Čitanje Njegoša u Italiji, zbornik radova *Petar II Petrović Njegoš, ličnost, djelo i vrijeme*. Naučni skupovi CANU, knj. 36, Podgorica 1995, 385–395.

Ivo Andrić u italijanskoj kritici, Naučni sastanak slavista u Vukove dane, MSC, 22/1, Beograd, 1992, 317–323

Na marginama Zogovićevog Dantea, zbornik radova *Radovan Zogović – život i stvaralaštvo*. Naučni skupovi CANU, knj. 51, Podgorica 1998, 199–207.

Za ovo izdanje u nekim tekstovima izvršene su sitnije izmene i nužna prilagođavanja.

INDEKS IMENA

A

Adamović P. *77*
Alamanni L. *97*
Albertozzi A. *99*
Aleardi A. 30
Alfirević F. 113
Alfieri V. 107, *108*, 144
Alighieri D. *11*, 23, 44, 46, *56*, 72, *94*, *96*, 97, *97*, 98, 100, *100*, 106, *106*, 107, *107*, *108*, *109*, *110*, 114, *116*, 117, *117*, *118*, 122, *122*, 124–133, *143*, 144, *145*
Andrić I. 72, 151–159
Apolinaire G. *156*
Archilochus 69
Ariosto L. 83–95, 117, 119, *119*
Aristotel 82
Arnaut D. 114
Augustin sv. *158*
August III, poljski 80

B

Babelj I. *156*
Badnjević-Oraci V. *152*
Baldacci A. *56*
Banašević N. *139, 140*
Barac A. *139*
Barjaktarević M. R. *139*
Baschet A. *70*
Baudelaire Ch. *158*
Begović M. 112, *112*, 116
Belecki A. I. *127*
Beli A. *156*
Bellini L. 79
Berić D. P. *141*
Bernardini A. *99*
Bernini G. L. 22
Bertran de Born *129*
Betera B. 109
Beethoven van L. 48
Bežić V. *38*
Biasoletto B. 137, *137*, 138, *138*
Binni W. *79*
Bjelanović S. *15*
Bocarić Š. *99*
Boccaccio G. *96*
Bolza G. 86, *86*, 87, 89, *89*, *90*, 93
Bonaci I. *141*
Božićević F. (Natalis) 109, *109*
Bratti R. *142*
Breton A. *156*
Brjusov V. 108
Brkić S. *116*
Brlić-Mažuranić I. *153*
Brunelli V. *56*
Bruno G. 101
Bulgakov M. A. *156*
Buzolić S. 38–44, *45*, 112, 118–121, 127
Byron G. G. 21, 72, *88*, *89*, *94*, 144

C

Cabrić I. *118*
Calamaro G. *153*
Calvi B. *109*
Camoes L. V. de *88*
Campanella T. 24
Camus *156*
Canini M. A. *19*
Car M. *39, 54*, 97, *97*, 100, *100*, 103, *120, 142, 146, 147*
Carducci G. *56, 80, 97*, 97, 98, 101, 103, 107, *108*, 115
Carić J. *118*
Carrara L. 10, 29, *29, 140, 141*
Caretti L. *44*
Casini T. *46, 114*
Castelnuovo E. 98, *98*
Cesarec A. 125, *145*
Chiarensa M. *155*
Chiudina G. (Ćudina) L. 50, *140, 141*, 146, *146*
Constantini I. 152
Contini G. *37*
Cremente R. *108*
Crnogorčević N. *45*
Crnojević I. *7*
Croce B. *20, 27, 27*, 99
Cronia A. *109, 118, 137, 138, 139, 140*, 142–145, 154, *154, 155, 158*
Culcasi C. *78*
Curto C. *139*

Č

Čale F. *35, 109, 110*, 111, *115, 116*
Čulić I. *148*
Čupić N. *139*

D

Dal'Ongaro F. *52*, 138, *138, 139, 140, 141*, 143, *143*, 149

Damiani E. 142, *142, 146*
Daničić Đ. *26, 67*, 89, *89, 90, 94*
Danilo vlad. 67, 68, *140*, 145
D'Annunzio G. *56*, 98, *98*, 99, *99*, 100, *100*, 101, 102, *102*, 104, 107, 114
Dardi D. *147, 148*
De Amicis E. 99, *99*, 100, 101, 102
Degerando J.M. 23, *23*
Del Giudice D. 27
Delorko O. *115*, 123, 127
De Sanctis F. *20*, 27, *79, 100, 116*
Desnica B. *97, 99, 148*
Deželić Đ. *111, 120*
Dežman T. *119*
Di Girolamo T. *114, 115*
Dobrić M. *101*
Donizetti G. 79
Dore G. *127*
Dostojevski F. 53, 128
Dragoslav Z. *97*
Držić Đ. 34
Durković-Jakšić Lj. *72, 138, 139, 140, 148*
Dušan, car *11*

Đ

Đaja J. 83, *83*, 84, 94
Đurić V. *115*
Đurić Ž. *151*

DŽ

Dživeljegov A.K. *127*

E

Eliot Th.S. *156*
Elwert Th.W. 107, 108, *108, 114*.

F

Fabris 92, 93

Farina S. 18, *99*
Faulkner W. *156*
Ferdinand I 148, *148*
Filelfo F. *32*
Flašar M. *145*
Flaubert G. *158*
Flora F. *48*
Fogazzaro A. 98, *99*, 101
Fortis A. 137, *139*, *140*
Foscolo U. 10, *29*, *30–44*, 103, 107, *108*, 117, *117*, 119, *120*, 122
Franceschi G. 140, *140*, *146*
Franičević M. *108*
Franjo Josip 78
Frugoni A. *127*
Fridrih August *137*, *138*, *148*
Fubini M. *46*, *50*, *78*, *106*, *108*, *114*

G

Gagić M. *70*
Gaj Lj. 67, 70
Galdi L. *36*, *46*
Galić P. *140*, *147*
Garibaldi G. 12, 19, *99*
Gazzoletti A. *140*
Generini P. L. *141*
Gerun Š. J. *104*
Gesualdo A. *32*
Ginzi G. *155*
Gioacchino da Fiore *126*
Goethe J. W. *86*
Gogolj N. V. 73
Graf A. 97, *97*
Grazzini G. *155*, *158*, 159
Grčić J. *81*
Grifani U. *102*
Gronda G. *78*
Grujić N. 53
Guarnerio P. E. *46*, *114*

Guastalla R. *28*
Guerrazzi F.D. 10, *13–28*, *52*, *56*, 59, *59*, 60, *60*, 149
Guerrini O. (Stechetti L.) *52*, 97, 98, *99*
Guicciardini F. *151*
Guidi A. *108*
Guinizelli G. 107
Guittone d' Arezzo 107
Guizot F. P. G. *21*, *23*
Gundulić I. 7, 38, 55-57
Gutschmied *138*

H

Hadžić A. *8*, *11*, *12*, *13*, *20*
Hadžić J. *77*
Hasse J. *79*, 80
Haydn F. J. *78*
Herder J. G. 69, 73, *73*
Hikmet N. 125
Homer *53*, 69, *88*
Horacije 70, *82*

I

Ibsen H. 58
Ilić V. 35, *54–56*
Ilijić J. D. *97*
Ivanišin I. V. *39*
Ivanković Đ. *109*
Ivićević S. *118*

J

Jagar A. B. *121*
Janković J. D. *15*
Jelača V. 98, *98*
Jelena Savojska *44*, 154
Jeremić D. M. *145*
Jernej J. *37–39*, *44*, *109*, *117*
Jovanović I. *77*

Jovanović J. Zmaj 35, 55
Jovanović M. *83*, 94, *94*
Jovanović K. i P. *80*
Jovanović P. 77–82
Jovanović S. 100, *106*
Jovanović V. *24*
Jovanović-Stojimirović M. *84*
Joyce J. *156*
Jugović Đ. *118*, 122
Jurišić S. *151*

K

Kačić-Miošić fra A. *7*
Kafka F. *157*
Kapić J. *120*
Karađorđe 74
Karadžić V. S. 73, 74, 89, *89*, *90*, *94*
Karaulac M. *151*
Karlo VI Habsb. 78, *78*, 80
Kasandrić P. 142, *142*, 144–149
Kastrapeli S. I. *139, 145, 148*
Kažotić M. *19, 140*
Kesić Č. *152*
Kilibarda V. *7, 29, 148*
Klančić Lj. *141*
Klopstock F. G. *88*
Kobliška T. 100
Kolar J. 25
Kolendić P. *45, 75, 148*
Kombol M. 127
Kostantinović R. *113*
Kostantinović Z. *21*
Korolija M. 98, *111*, 112, *112*
Koroljenko V. G. 100
Kostić M. P. *7*
Košutić V. *115*
Kovačević B. *147*
Kovačević F. *45, 120*
Kuzmin M. A. *108*

L

Lalić I. V. *132*
Lalić R. *138*
Lamartine A. de 72
Latković V. *70, 138*
Lav X. 25
Lekić D. *138*
Leopardi G. 10, 29, 41–51, *98*, *99*, 100, *108, 112*, 113, *113*, 114, *114*, 117, *117*, 120, *120*, 122, 143, 144, *158*
Lo Gatto E. 99, 100, *154*
Lovrić V. *147*
Lozinski M. 127, *127*, 128, 129
Lozovina V. *111*
Lotman J. 132
Lučić K. *99*
Lukjanovski V. *147*

LJ

Ljermontov M. 73
Ljubiša S. M. 98, *118, 119*

M

Machiavelli N. 100, *101*
Machiedo 45, *45, 112, 117*
Majakovski V. 125
Maletić D. 73
Mamiani della Rovere T. 58
Mamuzić I. *77, 78*
Macini P. S. 58
Mantegazza P. 99
Manzoni A. 96, 107, 108, *108*, 117, *117*, 120, 121, *145, 158*
Marabini B. 155, *155*, 158, *158*
Marano G. *152, 158*
Mari G. *114*
Marchiori J. *151, 155, 156*, 158, *158*
Marija Terezija 78

Marino G. 78, *126*
Marković S. 58, *83*, 93
Maroević T. *109, 115*
Martinengo E. *56*
Marulić M. 109, *109*
Matavulj S. *12*, 14, *14*, 58
Matić T. *109*
Maupassant G. de 100
Maver G. 45, 45, 100, *112*, 113, *117*, 142, *142*, 152, *152*, *154*
Mazzini G. 12, 17, 19, *19*, *28*, 58
Mažuranić I. 55, *55*, 73, *119*, *121*
Medaković D. 67, *67*
Medaković M. 63–76
Medici de L. 107
Menčetić Š. 34, 110, *110*
Meriggi B. 142, 144, *144*, *151*, *155*, *156*, *158*
Metastasio P. 77–82
Micić S. St. *99*
Michelangelo B. 23
Mihailo, knez *84*
Miletić S. 11, *11*, *12*, 14, 19
Miličić S. 98, *98*, 113
Milović J. *138*, *148*
Milton J. *88*
Milutinović K. 7, *16*, 63, *63*, *64*, *67*, *70*
Milutinović S. *145*
Miljanić N. R. *7*, *30*
Miniati P. *28*
Monti V. 107, 108, *108*
Moravia A. 152, 153
Mozart W. A. *78*
Mraović D. *116*
Musić S. *87*, *112*, *117*, *156*
Mušicki L. 55, *55*, 69–72

N

Nalješković N. 110, *110*

Nani M. N. *97*
Natale G. *78*
Nazor V. 113
Nedić Lj. 93
Negri A. 94
Nenadovići 84
Nenadović Lj. P. 67, *143*
Neretvanin M. *120*
Neri B. *148, 152*
Nietzsche F. *158*
Nikola, knjaz 8, *8*, 10, 53, *56*
Nikolajević K. *122*
Nikolajević S. *119*
Nikolić G. 56, *56*, 147, *147*, 149
Nikolić R. *112*
Novak G. 63, *63*, 66, *66*
Novaković S. 67

O

Obradović D. *85*, *112*
Ostojić I. *45*, 112, *119, 120*

P

Papa P. *9*, 38, 39, 40, *51*
Parčić D. A. *118*
Parko L. *109*
Parini G. 41, 42
Pascal B. *158*
Pavelić M. *109*, *110*, 111
Pavlović J. 26
Pavlović T. *78*
Pazzaglia M. *108*
Pelagić V. *16*
Pellegrini F. *140*
Pellico S. *99*, 100
Petranović D. 67, *67*
Petrarca F. 10, 11, 23, 29, 30–37, 41, 72, 97, *97*, 98, 101, 106, 107, 109–115, 118, *118*, *119*, 120, *120*, 122, 123
Petronio G. *35*

Petrović L. T. 99
Petrović II P. *7*, 21, 51, 55, *55*, *57*, 58, *58*, 63–76, 100, 113, 128, 137–148
Petrović R. *11*
Petrović Sa. *38*
Petrović S. *110*, *116*
Pešić R. *138*
Picchio R. 142, *143*
Pindar 69
Pindemonte G. J. *39*
Pirandello *32*
Pirnet Marchetti C. *147*
Pirodda G. *28*
Plehanov G. V. *20*
Polit-Desančić M. 13, *14*, 25
Popović B. 149, *149*
Popović L. *99*
Popović P. *9*, *66*, 154
Popović Š. *64*, *99*
Praga M. *101*
Prati G. *140*
Praz de *21*
Premuda V. *109*, *110*, *120*, 122
Preradović P. *118*, 121, *121*, *122*
Prešern F. 73
Pucić M. *45*, 112, *118*, *121*
Puškin A. S. 73, *88*, 128, 144

Q

Quarenghi de Vendini C. 148, *148*
Quasimodo S. *152*, 153

R

Racine J. *78*
Radić F. 39–42
Radičević B. 38, 55, *67*, 113, 144
Radulović R. *99*
Radulović-Tomanović P. 30, 51
Radcliffe A. 21

Raičković S. 34
Ramous O. *152*
Ranieri A. 50
Ranjina D. 115, *115*
Rešetar M. *45*, *141*, *148*
Ristić J., regent 25
Ristić M. *99*
Robeson P. 111, *111*
Rodić M. 124, 131
Rossini D. 79
Ruggi L. *101*
Ruschioni A. *37*
Ruvarac G. 7
Ružić Ž. *34*

S

Sala di Felice E. *78*, *79*
Salvini L. *151*, *155*
Sapegno N. *27*, *130*
Saporetti R. (Fulvia) 97
Schmaus A. *145*
Scotti G. *137*, *139*, *147*, *151*, *153–158*
Sekulić I. 127
Sentić F. *148*
Sequi E. *151*
Serao M. *101*
Severjanin I. 108
Severjev (Križaj) J. *120*
Shakespeare W. *89*
Siebzehner-Vivanti G. *130*
Siger de Brabant *126*
Simović Lj. 111, *111*, *115*
Skerlić J. *11*, 12, *18*, *19*, *67*, 73, *73*, *83*
Slamnig I. 110, *113*
Smerdel T. 114, *114*
Soljačić M. *109*
Sozzi B. T. *32*
Stadion F. S. von 149
Spasić K. *148*
Stajić V. *9*, *77*

Stanić S. *119*
Stanojević D. 89–94, 103, *119*, 122
Stanojevići *84*
Stanojević J. 84
Stanojević M. 94
Stazić M. *147*
Stendhal (Beyle A.) *78*
Stipčević N. *12, 19, 32, 64, 75, 132, 151*
Stojančević B. *148*
Stojanović Lj. 83
Stratimirović Đ. 98, *98*
Sudelli G. *155*
Sundečić J. *118*
Svilović L. *120, 121*

Š

Šantić A. 98, *98*
Šenoa A. 119, 122
Šoć P. *7, 9*
Šumarević S. *139*

T

Tartalja I. *151*
Tasso T. *11, 89*, 117, *117*, 119, 120, 122
Terracini B. A. *21*
Tolstoj L. N. *53*, 100
Toma Akvinski *126*
Tomanović L. 7–59, 63, 112, *112, 119, 120*, 122, 149
Tomanović P. *32, 51*
Tomanović R. *11, 32, 115*
Tommaseo N. 57, *58*, 63–76, 101, *103*, 122, 139, 140, *140*, 149
Tomasović S. *109, 110, 114*
Tomić P. *68*
Torbarina J. *110, 115*
Tresić-Pavičić R. *109, 110,* 111, *111,* 112, *112,* 113, *118, 119, 120, 121,* 122, *122*

Trevisan F. 39
Trnski I. *38*, 42, *120, 121*, 122
Trogrančić F. *143, 156,* 159, *159*
Trojanović S. *45*
Tumiati G. *152*
Turgenjev I. *158*
Twain M. 100

U

Uccellini (Tica F.) *122*
Ungaretti S. 153
Unghetti 98, *99*
Urbani U. 142, *142, 143,* 144, 146, *146,* 147, *147, 148,* 149, *149, 152,* 154, *154,* 158, 159

V

Vallussi P. 140, *140, 141, 143*
Varaldo A. *99*
Verdi G. 79
Verga G. *32*, 98, *98*, 104
Vergilije 126
Vežić V. *120*
Vidović R. *118*
Vidovski A. *119*
Vigorelli G. *152*
Vico G. *79*
Vladisavljević G. 74
Vojnović K. 9, *9, 10*
Vossller K. *113*
Vukadinović M. *138, 139*
Vuković Č. *147*

W

Wieland C. M. *88*
Whitman W. *158*

Z

Zaje L. *148*
Zambaldi A. 155, *155*, 158, *158*

Zandel D. *151*, 156, *156*
Zani S. *150*
Zignani R. *32*
Zogović R. 124–133
Zola E. *158*
Zoranić P. 109, 110, *110*
Zorić M. *19*, 63, *64*, *66*, *117*, *139*

Zuccoli L. *101*
Zuzorić C. *119*

Ž

Živančević M. *55*
Živanović J. *139*
Živković D. *54*, *73*

SADRŽAJ

I

Lazar Tomanović i italijanska književnost 7
Prevod Gveracijevog romana *Obsada Fiorencije* 13
Prevodi Petrarke, Foskola i Leopardija 29
Lazar Tomanović kao književni kritičar 52

II

Još neki podaci o saradnji N. Tomazea i P. P. Njegoša 63
Jovanovićev prevod Metastazijeve drame 77
Stavovi Dragiše Stanojevića o prevođenju Bijesnog Rolanda .. 83
Italijanska književnost u srpskoj periodici na granici dva veka . 96
Problem prevođenja italijanske kancone na srpskohrvatski jezik 106
Stih srpskohrvatskih prevoda sa italijanskog u drugoj polovini
XIX veka 117
Na marginama Zogovićevog *Dantea* 124

III

Čitanja Njegoša u Italiji 137
Ivo Andrić u italijanskoj kritici 151

Napomena 161
Indeks imena 163

Mirka Zogović
KNJIŽEVNA PROŽIMANJA

Glavni urednik
Novica Tadić

Grafički urednik
Milan Miletić

Lektor i korektor
Miroslava Stojković

Dizajn korica
Miloš Majstorović

Izdavač
IP RAD, d. d.
Beograd, Dečanska 12

Za izdavača
Simon Simonović

Štampa
Sprint, Beograd

CIP – Каталогизација у публикацији
Народна библиотека Србије, Београд

850.03=861

ЗОГОВИЋ, Мирка
  Književna prožimanja / Mirka Zogović. – Beograd : Rad, 2000 (Beograd : Sprint). – 172 str. ; 21 cm. – (Biblioteka Dijalog)

Napomene uz tekst. – Registar.

ISBN 86-09-00691-3

886.1.03=50   850.09:886.1/.2.09

a) Петар II Петровић Његош, црногорски владика (1813–1851) – Књижевна рецепција – Италија b) Андрић, Иво (1892–1975) – Књижевна критика – Италија c) Италијанска књижевност – Српски преводи – 19–20 d) Књижевно превођење – Србија 19–20в

ИД=85451788

www.ingramcontent.com/pod-product-compliance
Lightning Source LLC
Chambersburg PA
CBHW071205160426
43196CB00011B/2200